Indisch kochen

Madhur Jaffrey

Indisch kochen

Gerichte und ihre Geschichte

Aus dem Englischen von
Ulrike Halbe-Bauer,
Manfred Halbe
und Wolf Mersch

Edition d i á

Die Originalausgabe in englischer Sprache erschien 1982 im Verlag
BBC Books, einem Unternehmen von BBC Enterprise Ltd., unter
dem Titel *Madhur Jaffrey's Indian Cookery*. Die Gesamtauflage der
englischsprachigen Ausgabe beträgt 700.000 Exemplare.

Der Verlag bedankt sich bei Pradeep Ch. Chowdhary aus Berlin, der
die Schreibweisen der Hindi-Begriffe überprüft und korrigiert hat.

Lektorat: Elke Guhra, Berlin
Gestaltung: Rainer Zenz, Berlin
Umschlagentwurf unter Verwendung einer
Fotografie von Bernd Merzenich, Langerwehe
Fotografien: Walter Keller, Dortmund
(Seite 41 oben, Seite 42 unten, Seite 63 oben und
Mitte, Seite 64, Seite 165, Seite 166, Seite 188),
Robin Maitra, Berlin (Seite 41 unten, Seite 187 unten)
und Bruni Weißen, Berlin (Seite 41 Mitte, Seite 42 oben
und Mitte, Seite 63 unten, Seite 187 oben und Mitte)
Satz: Satz-Pavillon Porz GmbH, Köln
Lithographie: Ruksaldruck, Berlin
Druck und Bindung: Ebner Ulm
ISBN 3 905482 49 5

Bitte fordern Sie unser Gesamtverzeichnis an:
Edition diá, Urbanstraße 169, D-1000 Berlin 61
Edition diá, Schorenstrasse 15, CH-9000 St. Gallen

Inhalt

Die indische Küche

Schon immer habe ich gutes Essen zu schätzen gewußt. Meine Mutter erzählte gerne die Anekdote, daß diese Leidenschaft schon in der Stunde meiner Geburt zu beobachten gewesen sei, als meine Großmutter die heilige Silbe *Om* (»Ich bin«) mit ihrem Finger, den sie in frischen Honig getaucht hatte, auf meine Zunge schrieb. Mein lautes Schmatzen war nicht zu überhören.

Essen, gutes Essen, erschien auf wundersame Weise von irgendwoher aus dem hinteren Teil unseres Hauses in Delhi, begleitet von den verlockendsten Düften – nach dampfendem *basmati*-Reis, gerösteten Kreuzkümmelsamen und Zimtstangen in heißem Öl – und dem Klappern des gerade hereingetragenen Geschirrs und Bestecks. Bald nach dem Servieren saß die ganze sechsköpfige Familie um den Eßtisch, vertieft in den Genuß von mit Koriander und Gelbwurz zubereiteten Monsunpilzen, *rohu*-Fisch, den meine Brüder kurz zuvor im Jamuna-Fluß gefangen hatten, und in Joghurtsauce geschmorten Lammwürfeln.

Aus solch einer behüteten Welt kam ich nach London, um mein Studium an der *Royal Academy of Dramatic Art* aufzunehmen. In Brent fand ich ein angenehmes Zimmer und durfte dank der freundlichen Erlaubnis meiner Vermieter die Küche mitbenutzen. »Küchenbenutzung« klang gut, aber wie sollte ich sie eigentlich benutzen? Meine Besuche in unserer Küche in Delhi waren immer nur selten und von kurzer Dauer gewesen. Ich konnte nicht kochen und – dies war für mich das Schlimmste – fühlte mich ungeschickt und unwissend.

Ein Hilferuf an meine Mutter bescherte mir eine Reihe beruhigender Briefe, angefüllt mit Rezepten meiner Lieblingsgerichte: etwa Hackfleisch mit Erbsen *(Khima matar)*, Roter Lammfleischtopf *(Rogan josch)* oder Blumenkohl mit Kartoffeln *(Phul gobhi aur alu ki bhadji)*. Nach und nach lernte ich, angespornt durch den Briefwechsel mit meiner mich ermunternden Mutter, tatsächlich kochen und war schließlich so vermessen, eine große Anzahl von Freunden zu Gerichten wie Königliches Lammfleisch in Mandelsauce oder Mughlai-Huhn mit Mandeln und Rosinen *(Shahi korma* oder *Shadjahani murgi)* einzuladen. Nachdem ich mir die wesentlichen Grundregeln angeeignet hatte, stand mir die Tür zur indischen Kochkunst weit offen.

Die Zubereitung indischer Gerichte kann überaus anregend sein, vor allem, wenn die Zutaten frisch sind und zu Hause zubereitet werden. Vielleicht liegt die Ursache in der einzigartigen Mischung von Kräutern und Gewürzen, von Fleisch, Hülsenfrüchten und Gemüsen, Joghurtgerichten und Würzsaucen, die meine Vorfahren Jahrhunderte zuvor auserkoren haben, um sich ihren Gaumen verwöhnen zu lassen. Zudem dienen die Gerichte der indischen Küche unserer Gesundheit und der Regulierung des Stoffwechsels. Diese Kombination von gesunder Nahrung und unerschöpflichen Varianten und Geschmacksrichtungen macht die indische Kochkunst zu einer der bedeutendsten der Welt.

Indisches Essen ist weit abwechslungsreicher, als die Speisekarten indischer Restaurants vermuten lassen. Eine meiner angenehmsten Erinnerungen an die Schule in Delhi gilt dem Essen, das wir alle in metallenen, mehrstufigen Behältnissen von zu Hause mitbrachten. Mein »Henkelmann« baumelte am Lenker meines Fahrrades, wenn ich morgens zur Schule fuhr. Die aufsteigenden Düfte trösteten mich, wenn ich abgasspuckenden Bussen auswich oder später mit stumpfsinniger Algebra kämpfte. Befreite uns endlich die Mittagsglocke, so versammelten sich meine Freundinnen und ich: im Sommer unter einem schattigen *neem*-Baum, im Winter auf einer sonnigen Veranda. Schon bevor wir unsere Henkelmänner öffneten, lief mir das Wasser im Munde zusammen. Zufällig gehörten alle meine Freundinnen unterschiedlichen Glaubensrichtungen an und stammten aus verschiedenen Teilen des Landes. Obwohl wir alle Inder waren, hatten wir kaum gemeinsame kulinarische Traditionen, so daß uns der Gedanke daran, was die anderen zu essen mitbringen würden, immer mit einem Gefühl von Abenteuer und Entdeckung erfüllte.

Meine Freundin aus dem Pandschab gehörte zu den Sikhs. Sie brachte des öfteren *Ghi* und große, runde *Paratha* aus Weizen mit, die bisweilen mit herben Granatapfelsamen oder mit Blumenkohl gefüllt waren. Wir aßen sie mit selbsteingelegten, süß-sauren weißen Rüben.

Eine andere Freundin war Moslem und stammte aus Uttar Pradesh. Wir wußten schon, daß sie häufig Rindfleisch mitbrachte, das mit Spinat gekocht und mit Chili, Kardamom und Nelken gewürzt war. Da viele von uns Hindus waren und eigentlich kein Rindfleisch essen durften, gaben wir vor, nicht zu wissen, was es sei. Wildschweinfleisch jedoch, von meinem Vater zu Hause zubereitet, nahm ich nie mit zur Schule, um meine moslemischen Freunde nicht zu verletzen.

Ein anderes Mitglied unserer Gruppe war eine Dschaina aus Gujarat. Dschainas sind Vegetarier und einige von ihnen so orthodox, daß sie keine Rote Bete und Tomaten essen, weil deren Farbe sie an Blut erinnert, und kein Wurzelgemüse, da beim Herausziehen aus der Erde unschuldige Insekten ihr Leben verlieren könnten. Diese Freundin brachte gelegentlich *pure* mit, höchst delikate Pfannkuchen, die aus Hülsenfrüchten zubereitet waren.

Eine von uns kam aus Kaschmir, dem nördlichsten Staat Indiens. Während sie uns mit Geschichten über Schlittenfahren in Aufregung versetzte – wir übrigen hatten noch nie Schnee gesehen –, packte sie Morcheln aus den Wäldern Kaschmirs aus, angerichtet mit Tomaten und Erbsen und gewürzt mit Asa foetida. Natürlich war sie eine Hindu, denn nur Hindus aus Kaschmir kochen mit Asa foetida. Und sie verwenden weder Zwiebeln noch Knoblauch – im Gegensatz zu den Moslems aus Kaschmir, die Knoblauch benutzen, aber niemals Asa foetida.

Zu uns gehörte auch eine Freundin aus Südindien, eine syrische Christin aus Kerala. Sie brachte des öfteren *idli* mit, leicht saure Kuchen aus gedämpftem Reis, die wir mit *sambar* aßen und einem Eintopf aus Hülsenfrüchten und frischem Gemüse.

Als Hindu aus Delhi versuchte ich, meine Freunde mit Wachteln und Rebhühnern zu beeindrucken, die mit Zwiebeln, Ingwer, Zimt, schwarzem Pfeffer und Joghurt zubereitet worden waren.

Indien ist ein so großes Land – über drei Millionen Quadratkilometer unterschiedlicher Landschaften, die in 31 Staaten und Territorien gegliedert sind. Geographie und lokale Erzeugnisse haben bei der Entstehung regionaler kulinarischer Traditionen eine große Rolle gespielt. Religionsgemeinschaften in jedem Staat haben diese regionalen Küchen noch weiter modifiziert, um sie ihren jeweiligen Beschränkungen anzupassen. Historische Einflüsse haben sich ebenfalls niedergeschlagen: Goa an Indiens Westküste zum Beispiel wurde 400 Jahre lang von den Portugiesen regiert, und viele Bewohner wurden zum Katholizismus bekehrt. Mit der Zeit änderten sich auch ihre Eßgewohnheiten, so daß unter den Gerichten schließlich Bratenplatten mit Rindsrouladen zu finden waren, die in knoblauchgewürztem Olivenöl geschmort wurden. Als Nachtisch wurden *bibingkas* gereicht, geschichtete Pfannkuchen aus Eigelb, Kokosmilch und Melasse.

Auch die britischen Kolonialherren haben eine ganze Reihe von Gerichten hinterlassen, etwa jene *kutli*, Koteletts, die vor ihrer Zubereitung in Ingwer und Knoblauch mariniert werden. Ebenso übten die Moguln einen starken

Einfluß aus: Im 16. Jahrhundert über Persien nach Indien gelangt, führten sie auf dem Subkontinent die feinschmeckenden *pullao* und die mit Joghurt und gerösteten Zwiebeln zubereiteten Fleischgerichte ein.

Gewürze

Wenn es einen gemeinsamen Nenner aller indischen Speisen gibt, dann ist es möglicherweise der einfallsreiche Gebrauch der Gewürze. In jedem Gericht sind sie vorzufinden, wenn auch nicht immer in gleicher Form und gleicher Menge. Für ein Kartoffelgericht wird manchmal nur ein einziges Gewürz verwendet, bei einem aufwendigen Fleischgericht können es bis zu 15 verschiedene sein. Die indische Küche würzt kräftig, aber nicht immer scharf. Die Schärfe rührt von den Chilis her, die ursprünglich gar nicht in Indien beheimatet waren. Chilipflanzen wurden im 16. Jahrhundert von den Portugiesen, die sie in der Neuen Welt entdeckt hatten, nach Asien eingeführt. Die Schoten zweier Arten ergeben, getrocknet und gemahlen, den Cayennepfeffer. Vor der Ankunft der Portugiesen waren der etwas mildere Senfsamen und die schwarzen Pfefferkörner die scharfen Gewürze Indiens. Sollen die Speisen nicht zu scharf schmecken, so kann auf alle in den Rezepten erwähnten Chilis – rote, grüne oder Cayenne – verzichtet werden. Die Gerichte werden dadurch ihren überragenden Geschmack und ihren indischen Charakter nicht verlieren.

Gerne und häufig werden in indischen Küchen auch Kreuzkümmel, Koriander, Gelbwurz, Fenchelsamen, Zimt, Kardamom, Nelken, Muskatnuß, Ingwer und Lorbeerblätter benutzt. Sie alle werden auf verschiedenartigste Weise zubereitet, miteinander kombiniert und verhelfen der indischen Küche so zu ihrer Einzigartigkeit. Denn die unterschiedlichen Zubereitungsformen entlocken ein und demselben Gewürz verschiedene Geschmacksnoten. Gewürze und Kräuter haben nicht nur einen einzigen, begrenzten Geschmack: Je nachdem, wie sie verwandt werden – unzerkleinert gebraten oder geröstet, gemahlen oder mit Wasser und Essig zu einer Paste vermischt –, eröffnet sich ein viel breiteres Spektrum als zunächst vermutet.

Auf diese Weise bietet selbst die Zubereitung einfacher Gerichte große Abwechslung – der Geschmack von Kartoffeln zum Beispiel kann nicht nur durch Methoden wie Kochen, Backen oder Braten verändert werden, sondern auch, indem sie mit ganzen Kreuzkümmelsamen, mit einer Kombination von gemahlenem Kreuzkümmel und gerösteten Fenchelsamen oder aber mit schwarzem Pfeffer gekocht werden. Die Variationsmöglichkeiten sind so unerschöpflich wie die Vielfalt des Geschmacks.

Viele Rezepte erfordern gemahlene Gewürze. In Indien werden Gewürze in der Regel in unzerkleinertem Zustand gekauft und nach Bedarf gemahlen, damit ihr Aroma erhalten bleibt. Denn so wie frisch gemahlener schwarzer Pfeffer an Geschmack einbüßt, wenn er einen Monat lang aufbewahrt wird, so verhält es sich auch mit anderen Gewürzen. In Indien verfügt daher fast jeder Haushalt über einen Reib- oder Mahlstein, dessen Basis ein flacher Stein bildet, über den ein zweiter, kleinerer, zylindrischer Stein mit der Hand hin und her bewegt wird. Da die Mahlsteine ein großes Gewicht haben, erleichtert es die Arbeit, sie durch moderne Küchenmaschinen zu ersetzen: Eine elektrische Kaffeemühle oder ein Mörser können den gleichen Dienst erweisen. Gemahlen werden sollten immer nur kleine Mengen, damit die Gewürze durch die Lagerung nicht ihre Kraft verlieren; entsprechend gilt dies auch beim Kauf von gemahlenen Gewürzen.

Eine beliebte Variante bildet in Indien das Rösten von Gewürzen. Würzige Joghurtsauce etwa kann mit Kreuzkümmel angemacht werden, der zuvor geröstet und anschließend gemahlen wurde. Da einfach gemahlener Kreuzkümmel einen anderen Geschmack besitzt und sich nicht für Gerichte eignet, die nicht auf dem Herd gekocht wurden, läge hier im Rösten die geeignetste Zubereitungsform. Das Rösten geschieht am besten in einer schweren gußeisernen Pfanne, die ohne Öl oder Wasser erhitzt werden kann. Die Gewürze werden ungemahlen in die Pfanne gegeben, die so lange hin und her geschwenkt wird, bis die Gewürze etwas dunkler geworden sind und ihr neues »Röst«-Aroma freisetzen.

Eine typisch indische Zubereitungsmethode bildet das *baghari*: Öl oder *Ghi* (Butterschmalz) wird hoch erhitzt, darf jedoch nicht anbrennen, also rauchen. Anschließend werden die – in der Regel unzerkleinerten – Gewürze hineingegeben, mitunter auch gehackter Knoblauch und Ingwer. Die Gewürze schwellen sofort an, verfärben sich, platzen oder verändern auf andere Weise ihren Charakter. Das so entstandene Gewürzöl wird über gekochte Hülsenfrüchte und Gemüse gegeben oder aber dient zum Anbraten oder Garen von rohem Gemüse. Für die *baghari*-Methode benutzt werden meistens Kreuzkümmelsamen, schwarzer Senf, Fenchelsamen, rote getrocknete Chilischoten, Nelken, Zimtstangen, Kardamomkapseln, Lorbeerblätter, schwarzer Pfeffer wie auch gehackter Knoblauch und Ingwer. Das heiße Öl verwandelt sie alle und gibt ihnen einen neuen, konzentrierten Charakter. Ganz gebliebene Gewürze wie Lorbeerblätter, Zimtstangen, Nelken und schwarze Pfefferkörner werden generell nicht mitgegessen, sondern auf den Tellerrand gelegt.

Die meisten Gewürze der indischen Küche sind heute in Supermärkten oder den Lebensmittelabteilungen großer Kaufhäuser erhältlich, manche in Fein- oder Naturkostläden, bei türkischen oder griechischen Händlern. Zunächst sollten nur die für ein bestimmtes Rezept benötigten Gewürze eingekauft werden. Nach und nach wird sich die Sammlung erweitern, und die Gewürze können auch bei anderen, nicht-indischen Gerichten Verwendung finden. Denn wer die Zubereitung indischer Gewürze beherrscht, kann auch eigene Gerichte erfinden, die neue Varianten für die Verwendung indischer Gewürze liefern. Gemahlene und geröstete Kreuzkümmelsamen etwa können jederzeit einer Tomatencremesuppe beigegeben werden. Auch das Rezept für *Chipolata* (Indische Knoblauchwürstchen) ist auf diese Weise entstanden.

Da viele indische Gerichte wie in einer fließenden Bewegung zubereitet werden, empfiehlt es sich vor allem für Anfänger, vor dem eigentlichen Kochvorgang alle notwendigen Zutaten vorzubereiten. Denn oft bleibt keine Zeit mehr, um lange nach einem Gewürz zu suchen oder es abzumessen.

Der sorgfältig aufeinander abgestimmte Gebrauch der Gewürze verleiht der indischen Küche ihren einzigartigen Charakter, deshalb werden die einzelnen Gewürze im folgenden erklärt.

Asa foetida
Hing

Die Inder haben dieses stark riechende, getrocknete Gummiharz aus den Wurzeln eines Doldengewächses traditionellerweise aus Afghanistan und dem westlichen Kaschmir bezogen. Asa foetida ist verdauungsfördernd und wird nur in überaus geringen Mengen eingesetzt, es dient außerdem als Nervenberuhigungsmittel. Eine Prise wird in heißes Öl gegeben und eine Sekunde lang angebraten, bevor die anderen Zutaten hinzukommen. Kaufen sollte man immer nur die kleinste erhältliche Menge gemahlene Asa foetida; wird sie gelagert, so muß der Deckel der Schachtel fest verschlossen bleiben.

Cayennepfeffer
Pisi hui lal mirch

Der überaus scharfe Cayennepfeffer wird aus getrockneten, roten Chilischoten gewonnen, die dem Paprika ähnlich sehen. Indische oder pakistanische Händler führen ihn oft als rotes Chilipulver. Die meisten der Rezepte enthalten Angaben, die je nach Geschmack variiert werden können. In vielen Fällen kann Cayennepfeffer auch entfallen oder nur in sehr geringen Mengen eingesetzt werden.

Chili
Hari mirch

Chilis sind kleine Capsicumschoten von fünf bis zehn Zentimeter Länge. Die grünen Früchte enthalten flache, runde, weiße Samen und sind von sehr scharfem Geschmack. Sie stammen aus Südamerika und gelangten mit den Portugiesen nach Indien. Die an Vitamin A und C reichen Chilis verleihen indischen Gerichten ein besonderes Aroma. Ersatzweise kann auch der aus Chilis gewonnene Cayennepfeffer verwendet werden. Das Entfernen der weißen Samen nimmt dem Gewürz etwas von seiner Schärfe.

Grüne Chilis sind ungewaschen, in Zeitungspapier eingewickelt, in einem Plastikbehälter im Kühlschrank aufzubewahren. Beim Schneiden der Schoten sollten Mund und Augen nicht berührt und anschließend die Hände sofort gründlich gewaschen werden, damit die Reizstoffe der Chilis kein Brennen verursachen.

Fenchel
Saof

Fenchel ist dem Anis ähnlich und gehört wie dieser zur Familie der Doldenblüter. Seine Heimat ist der Mittelmeerraum, heute wächst er jedoch auch in Süd- und Ostasien, in Nord- und Südamerika und in Mitteleuropa. Fenchelsamen geben Gemüse und Fleisch ein köstliches, an Lakritz erinnerndes Aroma. Inder kauen nach dem Essen gerne geröstete Fenchelsamen, die die Verdauung unterstützen und den Mund erfrischen.

Garam masala

Diese aromatische Mischung besteht im allgemeinen aus schwarzen Kardamomsamen, Zimt, schwarzem Kümmel, Nelken, schwarzem Pfeffer und Muskatnuß. Sie ist sparsam zu verwenden und den Gerichten erst am Ende der Kochzeit beizugeben. Mitunter dient das Bestreuen mit *Garam masala* auch nur der Verfeinerung und aromatischen Abrundung.

Garam masala ist keine standardisierte, immer gleiche Mischung. Über die vielen regionalen Varianten hinaus besitzt fast jede nordindische oder pakistanische Küche ihr eigenes Familienrezept. In dem hier angegebenen Rezept sind die Samen der grünlichen Kardamomkapseln durch die der traditionelleren schwarzen ersetzt, die delikater schmecken.

Von indischen und pakistanischen Händlern und in manchem Supermarkt werden fertig abgepackte Mischungen angeboten, auf die im Notfall sicher zurückgegriffen werden kann. Diese Mischungen schmecken jedoch oft blaß, da die teureren Gewürze Kardamom und Nelken gerne durch billigeren Kreuzkümmel und Koriander ersetzt werden.

Zur Zubereitung werden benötigt:

1 EL Kardamomsamen◇
1 Stück Zimt◇ (etwa 15 cm)
1 TL schwarze Kreuzkümmelsamen◇
* (oder gewöhnlicher Kreuzkümmel)*
1 TL Nelken◇
1 TL schwarze Pfefferkörner
¼ Muskatnuß◇

Alle Gewürze in einer elektrischen Kaffeemühle 30 bis 40 Sekunden fein mahlen. Das *Garam masala* luftdicht verschlossen und vor Wärme und Sonnenlicht geschützt aufbewahren.

Gelbwurz
Haldi

Gelbwurz oder Kurkuma *(curcuma longa)* gehört zur Familie der Ingwergewächse und stammt aus Südostasien. Seine knollenartigen Wurzeln bestehen aus orangefarbigem Fleisch, schmecken leicht bitter und brennend. Gelbwurz wird aus den Seitentrieben des Wurzelstocks gewonnen und ist wichtiger Bestandteil des Currypulvers, dem es seine gelbe Farbe verleiht. Der Farbstoff Kurkumin wird auch als Lebensmittel- und Kosmetikfarbe eingesetzt. Mit Gelbwurz sollte sparsam gewürzt werden, da zu große Mengen den Speisen einen unangenehm bitteren Geschmack verleihen.

Ingwer
Adrak, Sonth

Ingwer *(zingiber officinale)* ist der knollige Wurzelstock einer südostasiatischen Staudenpflanze, die bis zu zwei Meter hoch wird. Ihre Wurzelstöcke werden geschält oder ungeschält getrocknet. Für alle gekochten und gebratenen Gerichte sollte frischem Ingwer der Vorzug gegeben werden: Mit einer Handreibe läßt sich immer die gewünschte Menge frisch raspeln. Um eine Paste zu erhalten, muß der Ingwer grob gehackt und anschließend in den Mixer gegeben werden – mit nur soviel Wasser, daß eine weiche Paste entstehen kann. Im Handel ist Ingwer stückweise oder pulverisiert erhältlich. Beim Einkauf ist darauf zu achten, daß die Schale des Ingwers straff und glatt ist. Wenn er nicht oft verwendet wird, kann er in trockenem, sandigem Boden aufbewahrt, gelegentlich mit wenig Wasser begossen und bei Bedarf herausgenommen werden. Auf diese Weise wird er auch neue Knollen treiben. Bei häufigerer Verwendung hält er sich am besten im Kühlschrank.

Kardamom
Elaichi

Kardamom *(elettaria cardamomum)* sind die Kapselfrüchte der Kardamom-Pflanze. Der beste Kardamom kommt aus Ceylon und Südindien. In den dreikantigen, weißlichen oder grünen Kapseln sitzen kleine, schwarze Samenkörner, die ein ätherisches Öl enthalten. Sie werden zu einem rötlich-grauen Pulver zermahlen, wobei meist die helle Fruchtschale mitgemahlen wird. Schon 2.000 Jahre vor Christi Geburt wurde Kardamom in Indien als Arzneimittel genutzt. Auch die Araber, Griechen und Römer schrieben ihm heilende Kräfte zu, vor allem bei Magen- und Herzleiden. In Europa tauchte er im 7. Jahrhundert auf und war im Mittelalter weit verbreitet. Heute ist Kardamom als Backgewürz anzutreffen und als Bestandteil vieler Currymischungen. Kardamom hat einen süßlich-scharfen Geschmack und einen hohen Gehalt an Eiweiß, Eisen und den Vitaminen A, B und C.

Die weißlichen Kapseln sind im Handel leichter zu bekommen als die grünen ungebleichten, haben aber weniger Aroma als diese – für die Rezepte können beide verwendet werden. Oftmals sind ganze Kapseln erforderlich, die dann nicht mitgegessen werden. Das Lösen der Samen aus den Kapseln ist eine etwas mühselige Angelegenheit, lose Samen sind jedoch auch bei indischen oder pakistanischen Händlern zu bekommen. Wenn ein Rezept eine kleine Menge gemahlener Samen erfordert, pulverisiert man diese im Mörser.

Kokosnuß
Nariyal

Beim Kauf sollte die Kokosnuß geschüttelt werden, um sicherzustellen, daß sie noch Flüssigkeit enthält. Aufgeschlagen wird sie am besten über dem Spülbecken, indem man mit dem dicken Ende eines Hammers oder dem stumpfen Ende eines schweren Messers auf die Mitte schlägt. Die heraustretende Flüssigkeit wird zum Kochen nicht benötigt, kann aber getrunken werden. Falls das Fleisch nicht mit dem Messer von der harten Schale zu trennen ist, sollten die Hälften der Nuß mit der Außenseite direkt über eine offene Flamme gehalten werden, bis sie leicht anbrennen. Auf diese Weise zieht sich die hölzerne Schale zusammen und löst sich vom fleischigen Kern. Anschließend wird die braune Kokosnußhaut – die Haut zwischen dem weißen Fleisch und der hölzernen Schale – abgeschält und das Fleisch in kleine Teile gebrochen. Die Stücke werden gewaschen und auf einer Handreibe geraspelt oder in einen Mixer gegeben. Fein geriebene Kokosnuß ist eine beliebte Zutat vieler indischer Gerichte. Es können auch größere Mengen verarbeitet werden, denn Kokosnuß läßt sich gut einfrieren und schnell wieder auftauen.

Koriander
Dhania

Im Orient beheimatet, war Koriander oder *coriandrum sativum* schon im Altertum weit verbreitet. Im alten Ägypten und bei Griechen und

Römern war er hochgeschätzt, im Mittelalter diente das Kraut der Pflanzen zur Bekämpfung von Pest und Cholera und der Vertreibung von Ungeziefer. Der Koriander unserer Tage stammt aus dem östlichen Mittelmeerraum, die besten Qualitäten kommen aus Marokko und der Sowjetunion. In Südasien wird er vor allem für den Eigenbedarf angebaut und zählt in Indien zu den beliebtesten Gewürzen. Koriander gehört wie Anis und Fenchel zur Familie der Doldengewächse. Er hat hellbraune, pfefferkornähnliche, hohle Früchte, weiße Blüten und wird etwa 15 bis 20 Zentimeter hoch. Zum Würzen wird der obere blättrige Teil benutzt, mitunter werden auch die Stiele in ein Gericht von Hülsenfrüchten geworfen, um ihm Aroma zu geben. Er schmeckt sowohl zu süßen wie auch zu herzhaften Speisen und gilt in der Naturheilkunde als verdauungsfördernd und krampflösend.

Verwendet wird frischer Koriander wie Petersilie, zum Garnieren und wegen seines Aromas. Er kann zu Hause aus Samen gezogen werden, wegen der harten Samenschale beträgt die Keimzeit allerdings etwa dreieinhalb Wochen. Die für das Wachstum notwendige Temperatur von 18 Grad Celsius läßt sich am besten in einer Schale erzielen, die an einen zugfreien Platz auf der Fensterbank gestellt wird. Die Samen müssen feucht gehalten werden, dürfen aber nicht im Wasser stehen. Auf diese Weise hat man reichlich und über längere Zeit frischen Koriander zur Hand.

Frisch gekaufter Koriander wird wie Petersilie ungewaschen in ein Gefäß mit Wasser gestellt. Damit er sich länger hält, wird ein Plastikbeutel über Kraut und Gefäß gezogen. So kann er im Kühlschrank wochenlang aufbewahrt werden. Frischer Koriander kann auch durch Petersilie ersetzt werden.

Koriandersamen werden in der indischen Küche häufig verwandt, zumeist in gemahlenem Zustand. Gemahlen sollte er nicht zu lange aufbewahrt werden, da er leicht sein Aroma verliert.

Kreuzkümmel oder *cuminum cyminum* spielt in der indischen Küche eine bedeutende Rolle. Er sieht dem gewöhnlichen Kümmel sehr ähnlich, seine Samen haben jedoch eine hellere Farbe. Er stammt aus Turkestan und war schon bei Ägyptern, Römern und Griechen als Gewürz und Heilmittel wohlbekannt. Angebaut wird er in Indien, auf Malta und im Mittleren Osten, in europäische Küchen hat er jedoch bis heute nur begrenzten Zugang gefunden. Als Gewürz dienen die Samen der einjährigen Pflanze, die etwa 30 Zentimeter hoch wird. Kreuzkümmel ist von durchdringendem, bitterscharfem Geschmack und duftet nach Kampfer.

Kreuzkümmel
Djira

Solange man mit ihm nicht allzu vertraut ist, sollte er nicht in zu großen Mengen benutzt werden. Er ist ganz und gemahlen im Handel erhältlich, behält aber in ungemahlener Form sein Aroma länger und kann erst bei Bedarf gemahlen werden: in einer Kaffeemühle, einem Mörser oder mit dem Nudelholz, nachdem die Samen zwischen zwei Blätter Butterbrotpapier gelegt wurden.

In manchen Rezepten wird gerösteter Kreuzkümmel verwendet. Dazu werden vier bis fünf Eßlöffel ganze Kreuzkümmelsamen in eine kleine gußeiserne Pfanne ohne Fett gegeben und bei mittlerer Hitze unter ständigem Rühren geröstet, bis sie eine Schattierung dunkler werden.

Die gerösteten Samen werden in einem luftdicht verschlossenen Gefäß aufbewahrt. Dunkler und teurer als gewöhnlicher Kreuzkümmel sind die feinen Samen des schwarzen Kreuzkümmels *(kala djira)*, als Ersatz kann aber auch auf normalen Kreuzkümmel zurückgegriffen werden.

Muskatnuß
Djaifal

Der Muskatnußbaum kann eine Höhe von 18 Metern erreichen und stammt ursprünglich von den Molukken. Er gedeiht nur in tropischen Klimazonen, heute sind seine Hauptanbaugebiete Indonesien, Indien, Sri Lanka und Grenada. Nach Europa gelangte die Muskatnuß *(myristica fragans)* im 9. Jahrhundert durch arabische Kaufleute. Seine pfirsichähnliche Frucht spaltet sich, wenn sie reif ist, in zwei Teile und gibt so den Kern, die Muskatnuß, frei. Mit Muskatnüssen werden salzige wie süße Gerichte gewürzt. Um ihr volles Aroma zu erhalten, empfiehlt es sich, ganze Nüsse zu kaufen und erst vor Gebrauch zu mahlen oder zu reiben. Verlangt ein Rezept ein Drittel einer Muskatnuß, so kann die Nuß ohne Schwierigkeiten mit einem Hammer geteilt werden.

Nelken
Laong

Gewürznelken *(caryophyllus aromaticus)* sind die getrockneten Blütenknospen des zehn bis zwölf Meter hohen Nelkenbaumes. Das immergrüne Ebenholzgewächs gedeiht am besten im feuchtheißen Klima der Tropen. Ursprünglich stammt der Nelkenbaum aus Indonesien und von den Molukken, heute liefern die Inseln Sansibar und Madagaskar die besten Gewürznelken. Die rötlich-braunen Knospen duften wie Gartennelken und schmecken brennend scharf. Sie verstärken den Geschmack der anderen Gewürze und bei Fleisch- und Reisgerichten das Grundaroma. Obwohl Nelken in Indien zur Erfrischung des Mundraumes gekaut werden, werden sie nicht mitgegessen.

Okraschoten
Bhindi

Die Okra *(abelmoschus esculentus)* ist ein asiatisches Malvengewächs mit hellgrünen, sechskantigen, etwa zehn Zentimeter langen Schoten, die denen der Peperoni ähneln. Im Geschmack sind sie mild und bohnenähnlich; sie werden in Salzwasser gekocht und als Gemüse oder Salat gegessen. Beim Kochen

werden sie sehr weich und sondern etwas
Schleim ab, das Kochwasser wird daher abge-
gossen.

Okraschoten sind kalorienarm und enthalten
Vitamin A und C sowie Mineralstoffe.

Die meisten Rezepte benötigen einfaches **Pflanzenöl**
Pflanzenöl, das überall erhältlich ist. Ein besse-
rer Geschmack wird durch Erdnuß-, Mais- oder
Sonnenblumenöl erzielt – sie alle eignen sich
gleichermaßen. Olivenöl sollte wegen seines
starken Eigengeschmacks nicht benutzt werden.

Safranfäden und Safranpulver stammen von **Safran**
einer Krokusart, die sich, ursprünglich in Klein- *Keshar*
asien und Griechenland beheimatet, im ge-
samten Mittelmeerraum ausgebreitet hat. In
Spanien taucht Safran *(crocus sativus)* gegen
Ende des ersten nachchristlichen Jahrhunderts
auf, vermutlich aufgrund der engen Kontakte
mit den Arabern. Safran ist eines der teuersten
Gewürze der Welt, denn erst 80.000 Blüten der
Safranpflanze ergeben ein Kilogramm Pulver.
Die orangefarbigen Narben werden mit der
Hand abgetrennt, getrocknet und fein ge-
mahlen.

In Indien wächst die Safranpflanze nur in
Kaschmir. Safran verleiht dem Essen eine gelbe
Farbe, und oft werden Speisefarben oder Gelbwurz benutzt, um den Gebrauch von Safran vor-
zutäuschen. Um seine Farbe und sein Aroma
vollständig auszunutzen, werden in der indischen Küche die Safranfäden in einer kleinen
Pfanne leicht angeröstet, zerkrümelt und in
etwas heiße Milch gegeben. Mit dieser Mischung werden Reis und Fleischgerichte über-
gossen, aber auch Süßspeisen.

Schwarzer Senf *(brassica nigra)* wächst in **Schwarzer Senf**
heißen Gegenden – heute vornehmlich in *Sarson*
Nordafrika und Asien –, im Gegensatz zu

weißem Senf, der in gemäßigten Klimazonen anzutreffen ist. Senf ist die Frucht der Senfpflanze, aus deren Blüten die länglichen Schoten mit den kleinen, dunkelbraunen Körnern heranreifen. Schwarzer Senf ist wesentlich schärfer als weißer und überaus gesund: Er steigert die Durchblutung des Körpers und fördert die Verdauung. In heißes Öl gestreut, erhalten Senfkörner einen nußartigen Geschmack und verleihen beispielsweise Möhrensalat ein pikantes Aroma.

Senföl wird überall in Indien zum Einlegen verwendet, in Bengalen und Kaschmir werden Fisch und Gemüse in ihm gekocht. Senföl hat einen stechenden Geruch; wird es aber bis zum leichten Verdampfen erhitzt, so gewinnt es einen süßen Geschmack. Statt Senföl kann auch Erdnußöl verwandt werden.

Schwarzkümmel
Kalondji

Schwarzkümmel ist der kleine, tropfenförmige Samen der Hahnenfußgewächsart *nigella indica*, von schwarzer Farbe und ansprechendem, erdigem Geschmack. In Bengalen wird er zu Gemüse- und Fischgerichten verwandt, im übrigen Land vor allem zum Einmachen von Pickles. In Nordindien wird Schwarzkümmel vor dem Backen aufs Brot gestreut, vor allem auf *Nan*.

Sesam
Til

Sesam *(sesamum indicum)* ist vermutlich das älteste in Kulturen angebaute Gewürz der Welt: Schon im 4. Jahrtausend vor Christus sollen Sesamfelder an Euphrat und Tigris bestanden haben. Die Sesampflanze ist einjährig und wird bis zu einem Meter hoch. Sie enthält schwarze, weiße oder rötliche-braune Samen.

Heute in Afrika, China und Indien angebaut, gilt Sesam als eine der beliebtesten Zutaten der indischen Küche. Für die Rezepte empfiehlt es sich, die weißen, ungeschälten Samen zu verwenden, die geröstet ihr Aroma am besten entfalten.

Zimt *(cinnamonum zeylanicum)* stammt aus Sri Lanka, wo auch heute noch der beste angebaut wird. Der chinesische Zimt (Kassia) ist dunkler und weniger aromatisch als der aus Sri Lanka stammende Kaneel, der mit den Portugiesen im 15. Jahrhundert nach Europa gelangte. Zimt wird aus der Innenrinde des Zimtbaumes gewonnen. Die dünnen Zimtrinden werden zu Stangen von bis zu einem Meter Länge zusammengesteckt. Sie rollen sich beim Trocknen zusammen und werden erst vom Händler in zehn Zentimeter lange Stücke (Stangen) geschnitten. Das ätherische Zimtöl gibt dem Gewürz seine feinaromatische Wirkung. Zimt sollte in Stangen gekauft werden und dient zum Würzen von Fleisch- und Reisgerichten.

Zimt
Dal tchini

Menüvorschläge

Im allgemeinen besteht ein indisches Mahl aus einem Gemüsegericht, Brot und/oder Reis, einem Gericht aus Hülsenfrüchten, Joghurt oder einem Joghurt-Dip, einem frischen Chutney oder einem kleinen würzigen Salat. Gerne werden auch sauer Eingelegtes und fertige Chutneys dazu gereicht. Am Ende des Mahles werden eher Früchte als andere Desserts serviert, wenn auch bei festlichen Gelegenheiten Süßes nicht fehl am Platz wäre. Fällt das Fleischgericht besonders kräftig und reichhaltig aus, reicht man statt der Hülsenfrüchte einen ebenso feinen *pullao*-Reis. Vegetarier – in Indien millionenfach anzutreffen – servieren mehrere Gerichte aus Gemüsen und Hülsenfrüchten, immer begleitet von Joghurt in irgendeiner Form.

Innerhalb dieses allgemeinen Rahmens sollten die Gerichte in Farbe, Struktur und Geschmack variieren. Falls zum Beispiel das Fleischgericht reichlich Sauce beinhaltet, gibt man einem »trockenen« Gemüse ohne Sauce den Vorzug. Ist das Gemüse sehr weich wie zum Beispiel Spinat, greift die indische Küche auf eine kräftigere, feste Beilage zurück.

Die meisten Inder essen gern mit den Händen. Die mehr westlich orientierten verwenden Messer und Gabel, aber auch sie leisten sich hin und wieder das Vergnügen, mit ihren Fingern zu essen. Nur die rechte Hand wird zum Essen benutzt, gilt doch die linke als unrein. Das Essen wird mit Brotstückchen aufgenommen und zum Mund geführt. Während dies in den nördlichen Staaten wie Uttar Pradesh nur mit den Fingerspitzen geschieht, darf im Süden die ganze Hand eingesetzt werden. Das Waschen der Hände vor und nach dem Essen ist überall in Indien eine Selbstverständlichkeit. Selbst in den einfachsten Küchen käme niemand auf die Idee, Essen anzubieten, ohne vorher eine *lota* – ein Wassergefäß aus Metall – zum Waschen bereitgestellt zu haben.

Die meisten Speisen werden nebeneinander auf dem Teller serviert. Nur sehr flüssige Gerichte werden mitunter über den Reis gegeben, nicht aber über den gesamten Reis. Ein Teil bleibt immer unvermischt, damit er zusammen mit anderen Speisen verzehrt werden kann. Sehr flüssige Gerichte, die mit Brot gegessen werden, reicht man in getrennten Schalen.

Auf all dies sollte bei einem vollständigen indischen Essen geachtet werden. Andererseits kann auch ein indisches Gemüse zu einem Lammbraten passen oder ein indisches Fleischgericht – zum Beispiel Tanduri-Huhn in Buttersauce – mit französischem Weißbrot und einem Salat serviert werden. Bei einer Diät bietet sich als Mittagessen Joghurt mit Gurken und Minze an, anschließend ein knackiger Apfel. Auch gebratene Lammkeule zu Schwarzaugenbohnen mit Pilzen, Butterreis mit Zwiebeln und ein grüner Salat ist, obwohl leicht zusammenzustellen, überaus schmackhaft.

Hier einige weitere Menüvorschläge:

Mughlai-Lamm mit weißen Rüben
Reisgericht mit Pilzen
Würzige grüne Bohnen
Joghurt mit Gurken und Minze

Schwarzaugenbohnen mit Pilzen
Blumenkohl mit Zwiebeln und Tomaten
Geschichtetes Brot
Möhrensalat auf Gujarat-Art

Geschmortes Rindfleisch mit Joghurt
Sauer angemachte Auberginen
Reis mit Erbsen
Dip aus Tomaten, Zwiebeln und Koriander

Kabeljausteaks in würziger Tomatensauce
Flockiger Reis auf südindische Art
Würzige Gurkenstücke

Gemüse
Bhadji, Tarkari

Da viele Inder sich vegetarisch ernähren, wurde im Laufe der Jahre eine große Vielfalt in der Zubereitung von alltäglichen Gemüsesorten wie Kohl, grünen Bohnen, Rote Bete und Möhren entwickelt.

Gemüse, das in Stückchen oder Scheiben geschnitten und mit unzerkleinerten Gewürzen wie Kreuzkümmel oder Senfkörnern gebraten wird, nennt man »trockenes« Gemüse, da keine Sauce entsteht. Gerichte wie Wurzelgemüse mit Tomaten oder in einer dicken Ingwer-Knoblauch-Sauce werden als »feuchte« Gemüse bezeichnet. Im allgemeinen werden sie in getrennten kleinen Schüsselchen gereicht. Beide Arten von Gemüsegerichten, »trockene« wie »feuchte«, können mit Reis oder indischen Brotsorten serviert werden.

Die Möglichkeiten, Gemüse zuzubereiten, sind zahlreich: angefangen bei den purpurglänzenden Auberginen, die auf recht einfache Weise mit einem dünnen Überzug aus Gelbwurz und Cayennepfeffer gebraten werden, bis hin zur gewöhnlichen Kartoffel, die in Indien auf tausend verschiedene Arten zubereitet wird, darunter eine, bei der schwarzer Pfeffer als Hauptgewürz dient.

Wer auf Fleisch verzichten möchte, kann eines der folgenden Rezepte ausprobieren, die zusammen mit einem Gericht aus Hülsenfrüchten, Reis oder Brot und einer Joghurt-Sauce eine abgerundete Mahlzeit ergeben.

Sauer angemachte Auberginen
Baigan achari

für 6 Personen

800 g Auberginen
350 g Tomaten
1 Ingwerwurzel◇ (2,5 cm)
6 große Knoblauchzehen
etwa 350 ml Pflanzenöl◇
1 TL Fenchelsamen◇
1/2 TL Schwarzkümmel◇
1 EL gemahlene
   Koriandersamen◇
1/4 TL Gelbwurz◇
1/3 TL Cayennepfeffer◇ (nach
   Geschmack auch mehr)
Salz

◆ Die Auberginen waschen und in Scheiben oder Dreiecke von 2 cm Dicke und 4 bis 5 cm Länge schneiden. In einer tiefen Pfanne von etwa 25 cm Durchmesser 125 ml Öl bei mittlerer Wärme erhitzen. Soviele Auberginen in das heiße Öl geben, wie die Pfanne in einer Lage locker fassen kann, und braten, bis sie auf einer Seite eine rötlich-braune Farbe annehmen. Die Auberginen wenden und von der anderen Seite gleichermaßen braten. Herausnehmen und in das bereitgestellte Sieb legen. Mit den restlichen Auberginen auf gleiche Weise verfahren. Dabei jedesmal 125 ml frisches Öl nachgießen. Die Auberginen nach Belieben etwa 1 Stunde im Sieb abtropfen lassen.

Die Tomaten enthäuten und fein zerkleinern.

Den geschälten und gehackten Ingwer und den Knoblauch mit 4 Eßlöffel Wasser im Mixer mahlen, bis eine glatte Paste entsteht.

Ein Drahtsieb in eine Schüssel hängen und neben dem Herd bereitstellen.

Anschließend 3 Eßlöffel Öl in der Pfanne bei mittlerer Wärme erhitzen. Die Fenchelsamen und den Schwarzkümmel in das heiße Öl geben. In Sekundenschnelle werden die Fenchelsamen eine etwas dunklere Farbe annehmen. Die Tomaten, die Ingwer-Knoblauch-Paste, den Koriander, das Gelbwurz, den Cayennepfeffer und 1 1/4 Teelöffel Salz zufügen. Etwa 5 bis 6 Minuten weiterrühren und dabei die Tomatenstückchen mit dem Bratenwender zerdrücken.

Bei leicht erhöhter Hitze weiterrühren, bis die Gewürzmischung eindickt und cremig wird.

Die Auberginen zugeben und vorsichtig untermengen. Bei verringerter Hitze alles unter vorsichtigem Rühren etwa 5 Minuten kochen. Die Pfanne zudecken und das Gericht bei ganz schwacher Hitze weitere 5 bis 10 Minuten ziehen lassen.

Kurz vor dem Servieren die Auberginen mit einem Bratenwender aus dem Öl heben, das sich inzwischen auf dem Boden der Pfanne angesammelt hat.

Varianten:

▷ *Das Gericht kann auch kalt als Salat serviert werden: Dazu die Auberginen in ihrem Öl im Kühlschrank aufbewahren und erst vor dem Servieren aus dem Öl nehmen. Einzelne Portionen auf Salatblätter verteilen und als Vorspeise reichen oder mit kaltem Huhn, kaltem Lamm oder gekochtem Schinken servieren.*

▷ *Obwohl gerade die schwarzen Kümmelsamen diesem Gericht den typischen Geschmack von sauer Eingelegtem verleihen, können stattdessen auch Kreuzkümmelsamen verwendet werden.*

Beilage:
zu Rotem Lammfleischtopf (siehe Rezept) oder einem anderen Lammgericht und Geschichtetem Brot (siehe Rezept)

Gebratene Auberginenscheiben
Tala hua baigan

für 4 bis 6 Personen

500 g Auberginen
½ TL Gelbwurz◊
⅛–½ TL Cayennepfeffer◊
Pflanzenöl◊
schwarzer Pfeffer
Salz

zum Garnieren:
6–8 Zitronenschnitze

◆ Die Auberginen waschen und ungeschält der Länge nach in Viertel und anschließend quer in Stücke von 1 cm Dicke schneiden.

Das Gelbwurz, den Cayennepfeffer, etwa 1 Teelöffel Salz und schwarzen Pfeffer in einer kleinen Schüssel vermischen. Die Gewürzmischung über die Auberginen streuen und gut durchmischen.

Eine Pfanne von etwa 20 cm Durchmesser 1 cm hoch mit Öl füllen und bei mittlerer Wärme erhitzen. Soviele Auberginen in das heiße Öl geben, wie die Pfanne in einer Lage locker fassen kann, und braten, bis sie auf einer Seite eine rötlich-goldene Farbe annehmen. Die Auberginen umdrehen und von der anderen Seite gleichermaßen braten. Mit einem Bratenwender herausnehmen und auf einem mit saugfähigem Papier ausgelegten Teller verteilen. Mit den restlichen Auberginen auf gleiche Weise verfahren. Falls nötig, Öl nachgießen.

Die Auberginen mit Zitronenschnitzen garnieren und heiß servieren.

Bemerkung:
Übriggebliebene Auberginen können am folgenden Tag mit den Resten eines indischen Fleischgerichtes wieder aufgewärmt werden.

Beilage:
zu gebratener Lammkeule

◆ *Den Chili im Mörser leicht zerstoßen. Die Bohnen waschen, von ihren Fäden befreien und die Enden abschneiden. In Stücke von 2,5 cm Länge schneiden und in einen Topf mit kochendem Wasser geben. 3 bis 4 Minuten wallend kochen, bis sie gerade weich sind. Sofort durch ein Sieb abgießen, kurz unter fließendem kaltem Wasser abschrecken und zur Seite stellen.*

In einer großen Pfanne das Öl bei mittlerer Wärme erhitzen. Die Senfkörner in das heiße Öl streuen. Sobald sie nach wenigen Sekunden aufzuplatzen beginnen, den Knoblauch zufügen und rühren, bis er eine hellbraune Farbe annimmt. Den Chili zugeben und einige Sekunden umrühren. Die Bohnen, den Zucker und 1 Teelöffel Salz hineingeben und alles vermischen. Auf mittlere Hitze bringen. Die Bohnen 7 bis 8 Minuten unter Umrühren garen, bis sie das Aroma der Gewürze aufgenommen haben. Schwarzen Pfeffer einstreuen, untermischen und servieren.

Grüne Bohnen auf Gujarat-Art
Gudjarati sem

für 4 Personen

500 g frische grüne Bohnen
1/2-1 scharfer, getrockneter roter Chili◇
4 EL Pflanzenöl◇
1 EL schwarze Senfkörner◇
4 feingehackte Knoblauchzehen
1/2 TL Zucker
schwarzer Pfeffer
Salz

Variante:
Sollen die Bohnen nicht zu scharf schmecken, entweder auf den Chili verzichten oder alle Samen entfernen und nur die Schoten verwenden.

Beilage:
zu gegrilltem Fleisch oder Bratwürstchen

Würzige grüne Bohnen
Masaledar sem

für 4 bis 6 Personen

700 g frische grüne Bohnen
250 g Tomaten
1 scharfer, getrockneter
    roter Chili◇
1 Ingwerwurzel◇ (2,5 cm)
10 Knoblauchzehen
5 EL Pflanzenöl◇
2 TL gemahlener
    Kreuzkümmel◇
2 TL gemahlene
    Koriandersamen◇
nach Geschmack:
    3 EL Zitronensaft
1 TL gerösteter und gemahle-
    ner Kreuzkümmel◇
schwarzer Pfeffer
Salz

◆ Die Tomaten enthäuten und zerkleinern. Den Chili im Mörser leicht zerstoßen. Die Bohnen waschen, von ihren Fäden befreien und die Enden abschneiden. In Stücke von ½ cm Länge schneiden. Den geschälten und gehackten Ingwer und den Knoblauch mit 125 ml Wasser im Mixer mahlen, bis eine glatte Paste entsteht.

In einer schweren Saucenpfanne das Öl bei mittlerer Wärme erhitzen. Den gemahlenen Kreuzkümmel und kurz darauf den Chili in das heiße Öl geben. Sobald der Chili eine etwas dunklere Farbe annimmt, die Ingwer-Knoblauch-Paste hineingießen und etwa 1 Minute umrühren. Den Koriander hineinstreuen und umrühren. Die Tomaten zugeben und etwa 2 Minuten rühren, dabei die Tomatenstücke mit dem Bratenwender zerdrücken. Die Bohnen, 1¼ Teelöffel Salz und ¼ Liter Wasser hinzufügen. Alles zum Kochen bringen und zugedeckt bei schwacher Hitze etwa 8 bis 10 Minuten köcheln lassen, bis die Bohnen weich sind.

Den Deckel abnehmen. Den Zitronensaft, den gerösteten Kreuzkümmel und reichlich schwarzen Pfeffer hinzugeben. Bei erhöhter Hitze die gesamte Flüssigkeit verkochen lassen, dabei die Bohnen ständig vorsichtig umrühren.

Beilage:
zu Brathähnchen, Schweinekoteletts oder Hackbraten

◆ *Die Rote Bete schälen und in Stücke schnei-den. Die Tomaten enthäuten und fein zerkleinern.*

In einem mittelgroßen Topf das Öl bei mittlerer Wärme erhitzen. Den Kreuzkümmel in das heiße Öl streuen und kurz brutzeln lassen. Den Knoblauch zugeben und umrühren, bis er eine goldgelbe Farbe annimmt. Die Zwiebeln zufügen und weitere 2 Minuten rühren. Das Mehl und eine gute Prise Cayennepfeffer einstreuen und erneut 1 Minute rühren. Die Rote Bete, die Tomaten, ¼ Liter Wasser und 1 Teelöffel Salz zugeben. Aufkochen und zugedeckt bei schwacher Hitze 30 Minuten köcheln lassen, bis die Rote Bete weich sind.

Den Deckel abnehmen, auf mittlere Hitze bringen und alles ohne Deckel etwa 7 Minuten ruhenlassen, bis die Sauce leicht eindickt.

Bemerkung:
Dieses Gericht kann im voraus zubereitet und wieder aufgewärmt werden.

Beilage:
zu Geschmortem Rindfleisch mit Joghurt (siehe Rezept), Dip aus Tomaten, Zwiebeln und Koriander (siehe Rezept) und Fladenbrot oder Reis

Rote Bete
mit Zwiebeln
Shorbedar chukander

für 3 bis 4 Personen

350 g Rote Bete
250 g Tomaten
4 EL Pflanzenöl◇
1 TL Kreuzkümmelsamen◇
1 feingehackte Knoblauchzehe
3 grobgehackte Zwiebeln
1 TL Weizenmehl
Cayennepfeffer◇
Salz

Weißkohl mit Erbsen
Bandgobhi aur matar

für 4 Personen

500 g Weißkohl
5 EL Pflanzenöl◇
2 TL Kreuzkümmelsamen◇
2 Lorbeerblätter
150 g entschotete Erbsen
¼ TL Gelbwurz◇
¼ TL Cayennepfeffer◇
1 feingehackter scharfer
   grüner Chili◇
¾ TL Zucker
¼ TL Garam masala◇
   (siehe Rezept)
Salz

◆ Den Kohl waschen, halbieren und den Strunk entfernen. In sehr feine, lange Streifen schneiden oder hobeln.

In einem Topf das Öl bei mittlerer Wärme erhitzen. Den Kreuzkümmel und die Lorbeerblätter in das heiße Öl geben. In Sekundenschnelle werden sich die Lorbeerblätter zu verfärben beginnen. Den Kohl und die Erbsen hineingeben und ½ Minute umrühren. Das Gelbwurz und den Cayennepfeffer darüberstreuen und verrühren. Alles zugedeckt bei schwacher Hitze kochen, bis das Gemüse gerade weich ist.

Den Chili, den Zucker und ¾ Teelöffel Salz zugeben und alles verrühren. Zugedeckt bei schwacher Hitze weitere 2 bis 3 Minuten kochen.

Den Deckel abnehmen und das Garam masala hineinstreuen. Vorsichtig untermischen. Vor dem Servieren die Lorbeerblätter entfernen.

Variante:
Die frischen Erbsen durch tiefgefrorene ersetzen. Diese in einem Sieb unter fließendes warmes Wasser halten, bis sie sich voneinander getrennt haben.

Beilage:
zu gegrillten Schweinekoteletts

◆ *Den Kohl waschen, halbieren und den Strunk entfernen. In sehr feine, lange Streifen schneiden oder hobeln. Die Möhren schälen und grob raffeln. Den grünen Chili in dünne, lange Streifen zerschneiden.*

In einer Kasserolle das Öl bei mittlerer Wärme erhitzen. Eine Prise gemahlene Asa foetida und unmittelbar danach die Senfkörner in das heiße Öl streuen. Sobald die Senfkörner nach wenigen Sekunden aufzuplatzen beginnen, den roten Chili zugeben und einmal umrühren. Sobald der Chili eine dunkelrote Färbung annimmt, den Kohl, die Möhren und den grünen Chili hinzufügen. Auf mittlere Hitze bringen und alles ¹/₂ Minute umrühren. Den Zucker, den Koriander und etwa 1 ¹/₄ Teelöffel Salz hinzufügen. Alles unter Umrühren weitere 5 Minuten kochen, bis das Gemüse gerade gar, aber noch knackig ist. Den Zitronensaft hineingießen und verrühren.

Beilage:
zu Schweineschnitzel

Weißkohl mit Möhren auf Gujarat-Art
Sambhara

für 4 bis 6 Personen

350 g Weißkohl
350 g Möhren
¹/₂–1 scharfer grüner Chili◇
4 EL Pflanzenöl◇
nach Geschmack:
    gemahlene Asa foetida◇
1 EL schwarze Senfkörner◇
1 scharfer, getrockneter
    roter Chili◇
¹/₂ TL Zucker
4 EL gehackter frischer
    Koriander◇
1 EL Zitronensaft
Salz

Möhren, Erbsen und Kartoffeln mit Kreuzkümmel
Gadjar, matar, aur alu ki bhadji

für 6 Personen

175 g Kartoffeln
175 g Möhren
1 Frühlingszwiebel
3 EL Senf- oder Pflanzenöl◊
1 ½ TL gemahlener
   Kreuzkümmel◊
2 scharfe, getrocknete
   rote Chilis◊
4 grobgehackte Zwiebeln
175 g Erbsen
¼ TL Zucker
Salz

◆ *Die Kartoffeln mit Schale kochen, abschütten und abkühlen lassen. Die geschabten Möhren und die geschälten Kartoffeln in Würfel von etwa 1 cm Größe schneiden. Die Frühlingszwiebel von der Wurzel aus in hauchdünne Scheiben schneiden.*

In einem Karhai, einem Wok oder einer großen Pfanne das Öl bei mittlerer Wärme erhitzen. Den Kreuzkümmel in das heiße Öl streuen und kurz brutzeln lassen. Die Chilis zugeben und einige Male rühren. Die Zwiebeln zufügen und etwa 5 Minuten weiterrühren, bis sie glasig werden. Die Möhren und die Erbsen hineingeben und 1 Minute weiterrühren. Alles zugedeckt bei schwacher Hitze etwa 5 Minuten garen lassen, bis das Gemüse weich ist.

Den Deckel abnehmen und bei erhöhter Hitze die Kartoffeln, den Zucker und etwa 1 Teelöffel Salz hinzufügen und alles weitere 2 bis 3 Minuten garen lassen. Dabei immer wieder umrühren. Zum Schluß die Frühlingszwiebel hineingeben und nochmals ½ Minute rühren.

Vor dem Servieren die Chilis entfernen.

Beilage:
zu Brathähnchen oder gegrillten Würstchen

Reissorten und
verschiedene
Hülsenfrüchte

Kalkutta, New
Market: Verkaufs-
stand mit verschie-
denen Reissorten

Mysore: Marktstand

Varanasi: Eine Bauernfamilie verkauft selbstangebautes Gemüse

Delhi: Marktstand mit Paprikaschoten

Nordindien: Kürbisverkäufer

◆ *Den Blumenkohl in Röschen zerteilen und 30 Minuten in eine Schüssel mit Wasser legen. Anschließend abseihen. Die Tomaten enthäuten und zerkleinern.*

Die Zwiebeln und den geschälten und gehackten Ingwer mit 4 Eßlöffel Wasser im Mixer mahlen, bis eine Paste entsteht.

In einem Topf von etwa 25 cm Durchmesser oder einer tiefen Pfanne das Öl bei mittlerer Wärme erhitzen. Den Knoblauch in das heiße Öl geben und rühren, bis er eine mittelbraune Färbung annimmt. Den Blumenkohl zufügen und etwa 2 Minuten umrühren, bis die Röschen einige braune Flecken aufweisen. Den Blumenkohl mit einem Schaumlöffel aus der Pfanne heben und in einer Schüssel zur Seite stellen.

Die Zwiebel-Ingwer-Paste in denselben Topf geben und 1 Minute umrühren. Den Kreuzkümmel, den Koriander und die Tomaten zufügen und weiterrühren, bis die Mischung eine mittelbraune Färbung annimmt. Falls sie anzusetzen beginnt, die Hitze verringern und 1 Eßlöffel Wasser darübersprengen. Weiterdünsten, bis die Mischung die richtige Farbe hat.

Das Gelbwurz, den Chili, den Cayennepfeffer, den Zitronensaft und 1 ³⁄₄ Teelöffel Salz hinzufügen. Einige Male kräftig umrühren und auf schwache Hitze bringen. Den Blumenkohl mit der Flüssigkeit, die sich in der Schüssel angesammelt hat, hineingeben und vorsichtig unterrühren. 3 Eßlöffel Wasser darübergießen und erneut umrühren. Zum Kochen bringen, die Hitze verringern und alles zugedeckt bei schwacher Hitze unter gelegentlichem Umrühren 5 bis 10 Minuten garen lassen, bis der Blumenkohl gerade durch ist. Den Deckel abnehmen, das Garam masala darüberstreuen und einrühren.

Beilage:
zu fast allen indischen Fleischgerichten

Blumenkohl mit Zwiebeln und Tomaten
Phul gobhi ki bhadji

für 6 Personen

2 Blumenkohlköpfe
  (etwa 1 kg)
150–175 g Tomaten
2 grobgehackte Zwiebeln
1 Ingwerwurzel◇ (2,5 cm)
5 EL Pflanzenöl◇
6 feingehackte
  Knoblauchzehen
1 TL gemahlener
  Kreuzkümmel◇
1 TL gemahlene
  Koriandersamen◇
¹⁄₂ TL Gelbwurz◇
¹⁄₂–1 feingehackter scharfer
  grüner Chili◇
¹⁄₄ TL Cayennepfeffer◇
1 EL Zitronensaft
¹⁄₄ TL Garam masala◇
  (siehe Rezept)
Salz

Blumenkohl
mit Kartoffeln
*Phul gobhi aur alu
ki bhadji*

für 4 bis 6 Personen

*250 g Kartoffeln
1 Blumenkohl (500 g)
5 EL Pflanzenöl◇
1 TL Kreuzkümmelsamen◇
1 TL gemahlener
    Kreuzkümmel◇
1 TL gemahlene
    Koriandersamen◇
1/4 TL Cayennepfeffer◇
1/4 TL Gelbwurz◇
1/2–1 feingehackter scharfer
    grüner Chili◇
1/2 TL gerösteter und gemahle-
    ner Kreuzkümmel◇
schwarzer Pfeffer
Salz*

◆ *Die Kartoffeln mit Schale kochen, abschütten und vollständig abkühlen lassen. Anschließend schälen und in Würfel von 2 cm Größe schneiden.*

Den Blumenkohl in Röschen zerteilen und 30 Minuten in eine Schüssel mit Wasser legen. Anschließend abseihen.

In einer großen Pfanne das Öl bei mittlerer Wärme erhitzen. Die Kreuzkümmelsamen in das heiße Öl streuen und kurz brutzeln lassen. Den Blumenkohl zufügen und etwa 2 Minuten umrühren, bis die Röschen einige braune Flecken aufweisen. Alles zudecken und bei schwacher Hitze etwa 4 bis 6 Minuten dünsten, bis die Röschen fast gar, aber noch knackig sind.

Die Kartoffeln, den gemahlenen Kreuzkümmel, den Koriander, den Cayennepfeffer, das Gelbwurz, den Chili, den gerösteten Kreuzkümmel, 1 Teelöffel Salz und etwas schwarzen Pfeffer hinzufügen und vorsichtig untermischen. Ohne Deckel bei schwacher Hitze unter vorsichtigem Rühren weitere 3 Minuten garen lassen, bis die Kartoffeln gut durchgewärmt sind.

*Bemerkung:
Die Kartoffeln können auch vorgekocht und im Kühlschrank aufbewahrt werden.*

*Beilage:
zu Königlichem Lammfleisch in Mandelsauce (siehe Rezept) und Brot; zu Tanduri-Huhn (siehe Rezept) und Brot*

◆ *Den Blumenkohl in möglichst kleine Röschen zerteilen, die nicht länger als 5 cm und oben nicht dicker als 1 cm sind. Die Röschen 30 Minuten in eine Schüssel mit Wasser legen und erst unmittelbar vor dem Kochen abseihen.*

In einer großen Pfanne von etwa 25 cm Durchmesser das Öl bei mittlerer Wärme erhitzen. Die Fenchelsamen und die Senfkörner in das heiße Öl streuen. Sobald die Senfkörner nach wenigen Sekunden aufzuplatzen beginnen, den Knoblauch zugeben und rühren, bis er eine leicht braune Färbung annimmt. Das Gelbwurz und den Cayennepfeffer hineingeben. Einmal umrühren und dann rasch den Blumenkohl, etwa 1 1/2 Teelöffel Salz und 4 Eßlöffel Wasser zugeben. Unter Umrühren bei mittlerer Hitze 6 bis 7 Minuten dünsten, bis die Röschen fast gar, aber noch knackig sind. Es darf aber keine Flüssigkeit übrigbleiben. Eventuell etwas Wasser zugießen, falls es verdampft, bevor der Blumenkohl gar ist.

Bemerkung:
In einer kleineren Pfanne benötigt der Blumenkohl entsprechend länger. In diesem Fall die Pfanne 5 Minuten zudecken.

Beilage:
zu Huhn in süßer Pfeffersauce (siehe Rezept) und Reis

Blumenkohl mit Fenchel- und Senfsamen
Baghari phul gobhi

für 6 Personen

1 Blumenkohl (500 g)
7 EL Pflanzenöl◇
2 TL Fenchelsamen◇
1 EL schwarze Senfkörner◇
1 EL feingehackter Knoblauch
1/4 TL Gelbwurz◇
1/4–1/3 TL Cayennepfeffer◇
Salz

Pilze und Kartoffeln in Knoblauch und Ingwer
Rassedar khumbi alu

für 4 bis 6 Personen

250 g Kartoffeln
350 g Pilze
250 g Tomaten
1 Ingwerwurzel◇ (2,5 cm)
6 große Knoblauchzehen
etwa ⅓ TL Gelbwurz◇
4 EL Pflanzenöl◇
1 TL Kreuzkümmelsamen◇
3 Kardamomkapseln◇
1 TL gemahlener
    Kreuzkümmel◇
½ TL gemahlene
    Koriandersamen◇
etwa ¼ TL Cayennepfeffer◇
¼ TL Garam masala◇
    (siehe Rezept)
Salz

zum Garnieren:
1 EL gehackter frischer
    Koriander◇

◆ *Die Kartoffeln mit Schale kochen. Abschütten, schälen und in Würfel von 2,5 cm Größe schneiden.*

Die Pilze mit einem feuchten Tuch abreiben, den unteren, holzigen Teil der Stiele entfernen und auf Größe der Kartoffelwürfel schneiden.

Die Tomaten enthäuten und fein zerkleinern. Den geschälten und gehackten Ingwer und den Knoblauch mit 3 Eßlöffel Wasser im Mixer mahlen, bis eine glatte Paste entsteht.

Die Kartoffeln in eine Schüssel geben. Etwa ¼ Teelöffel Salz und eine gute Prise Gelbwurz darüberstreuen und gut durchmischen. Die Schüssel zur Seite stellen.

In einer schweren Pfanne das Öl bei mittlerer Wärme erhitzen. Die Kartoffeln in das heiße Öl geben und unter Umrühren von allen Seiten leicht bräunen. Die Kartoffeln mit einem Bratenwender aus der Pfanne heben und auf einem Teller zur Seite stellen.

Die Kreuzkümmelsamen und den Kardamom in dieselbe Pfanne geben und einige Male umrühren. Die Tomaten, die Ingwer-Knoblauch-Paste, den gemahlenen Kreuzkümmel und den gemahlenen Koriander hinzufügen. Rühren, bis die Paste dick wird und das Öl sich absondert.

¼ Teelöffel Gelbwurz und den Cayennepfeffer darüberstreuen und ein- oder zweimal umrühren. ¼ Liter Wasser, die Kartoffeln, die Pilze und ¾ Teelöffel Salz zugeben und alles vermischen. Zum Kochen bringen und alles zugedeckt bei schwacher Hitze 5 Minuten köcheln lassen. Den Deckel abnehmen und bei leicht erhöhter Hitze unter vorsichtigem Umrühren kochen, bis eine dicke Sauce entsteht. Das Garam masala hineinstreuen und untermischen. Mit Salz abschmecken und mit frischem Koriander garniert servieren.

Bemerkung:
Die Kardamomkapseln werden nicht mitgegessen.

Beilage:
zu Geschmortem Rindfleisch mit Joghurt (siehe
Rezept) und Möhrensalat auf Gujarat-Art (siehe
Rezept)

◆ *Die Okraschoten waschen und trockentupfen.*
Ein Stück vom oberen Ende der Schoten abschnei-
den, vom unteren Ende die trockene Spitze kappen.
In Stücke von 2 cm Länge schneiden.

   Den Knoblauch und den Chili mit 3 Eßlöffel
Wasser im Mixer mahlen, bis eine glatte Paste ent-
steht. Die Paste in eine kleine Schüssel geben, den
gemahlenen Kreuzkümmel, den Koriander und
das Gelbwurz darüberstreuen und alles ver-
mischen.

   In einer Brat- oder Saucenpfanne von etwa
25 cm Durchmesser das Öl bei mittlerer Wärme
erhitzen. Die Kreuzkümmelsamen in das heiße Öl
geben. In Sekundenschnelle werden die Samen zu
brutzeln beginnen. Die Hitze verringern und die
Gewürzmischung aus der Schüssel in die Pfanne
geben. Etwa 1 Minute rühren, dann die Okra, den
Zucker, den Zitronensaft, 1 Teelöffel Salz und
4 Eßlöffel Wasser hinzufügen. Alles vermischen
und zum Kochen bringen. Gut zugedeckt bei
schwacher Hitze etwa 10 Minuten köcheln lassen,
bis die Okra weich sind. Benötigen die Okra eine
längere Kochzeit, eventuell etwas Wasser zugießen.

Süßsaure Okra
Katchhi bhindi

für 4 bis 6 Personen

400 g zarte frische
  Okraschoten◇
7 Knoblauchzehen
1 scharfer, getrockneter
  roter Chili◇
2 TL gemahlener
  Kreuzkümmel◇
1 TL gemahlene
  Koriandersamen◇
½ TL Gelbwurz◇
4 EL Pflanzenöl◇
1 TL Kreuzkümmelsamen◇
1 TL Zucker
etwa 4 TL Zitronensaft
Salz

Variante:
Soll das Gericht milder schmecken, weniger Chili
nehmen.

Beilage:
zu Lammfleisch mit Zwiebeln (siehe Rezept) und
Reisgericht mit Pilzen (siehe Rezept)

Kartoffeln mit schwarzem Pfeffer
Bangali alu

für 4 Personen

600 g Kartoffeln
4 EL Pflanzenöl◇
1–1 ½ TL grob gemahlener
  schwarzer Pfeffer
2 EL feingehackter frischer
  Koriander◇
Salz

◆ Die Kartoffeln mit Schale kochen, abschütten und vollständig abkühlen lassen. Anschließend schälen und in Würfel von 2 cm Größe schneiden.

In einer Pfanne das Öl bei mittlerer Wärme erhitzen. Die Kartoffeln in das heiße Öl geben und 1 Minute umrühren. Etwa ¾ Teelöffel Salz darüberstreuen und sorgfältig untermischen. Die Kartoffeln zudecken und bei mäßiger Hitze etwa 5 Minuten gut durchwärmen lassen. Dabei gelegentlich umrühren.

Anschließend den schwarzen Pfeffer darüberstreuen und vorsichtig verteilen. Alles ohne Deckel bei mittlerer Hitze ein paar Minuten garen lassen, dabei die Kartoffeln ab und zu wenden, damit sie leicht bräunen. Den Koriander darüberstreuen, durchmischen und heiß servieren.

Bemerkung:
Am Vortag gekochte und im Kühlschrank aufbewahrte Kartoffeln eignen sich für dieses Gericht am besten.

Variante:
Den Koriander durch frische Petersilie ersetzen.

Beilage:
zu europäischen wie indischen Speisen

◆ Die Kartoffeln mit Schale kochen, abschütten und 3 bis 4 Stunden abkühlen lassen. Anschließend schälen und in Würfel von 2 cm Größe schneiden.

In einer großen Pfanne von etwa 25 cm Durchmesser das Öl bei mittlerer Wärme erhitzen. Den Kreuzkümmel, die Senf- und die Sesamkörner in das heiße Öl streuen. Sobald sie nach wenigen Sekunden aufzuplatzen beginnen, die Kartoffeln zufügen und unter ständigem Wenden 5 Minuten anbraten.

Den Cayennepfeffer, den Zitronensaft und etwa 2 Teelöffel Salz hinzufügen und weitere 3 bis 4 Minuten rühren, bis die Kartoffeln eine braune Kruste bekommen.

Kartoffeln mit Sesam
Til ke alu

für 6 Personen
4 Stunden vorher beginnen

1 kg Kartoffeln
6 EL Pflanzenöl◇
2 TL Kreuzkümmelsamen◇
2 TL schwarze Senfkörner◇
2 EL Sesamkörner◇
¼ TL Cayennepfeffer◇
1 EL Zitronensaft
Salz

Beilage:
zu gebratenem oder gegrilltem Fleisch

◆ Die Kartoffeln mit Schale kochen, abschütten und 3 bis 4 Stunden abkühlen lassen. Anschließend schälen und in Würfel von 2 cm Größe schneiden.

Den geschälten und gehackten Ingwer, den Knoblauch, das Gelbwurz, den Cayennepfeffer, 1 Teelöffel Salz mit 3 Eßlöffel Wasser im Mixer mahlen, bis eine Paste entsteht.

In einer großen, gußeisernen Pfanne das Öl bei mittlerer Wärme erhitzen. Die Fenchelsamen in das heiße Öl streuen und kurz brutzeln lassen. Die Paste aus dem Mixer hinzufügen und etwa 2 Minuten umrühren. Die Kartoffeln zugeben und alles unter Umrühren 5 bis 7 Minuten bei mittlerer Hitze braten, bis die Kartoffeln eine goldbraune Kruste bekommen.

Kartoffeln mit Ingwer und Knoblauch
Sukhe alu

für 4 bis 5 Personen

600 g Kartoffeln
1 Ingwerwurzel◇ (2,5 cm)
3 Knoblauchzehen
½ TL Gelbwurz◇
½ TL Cayennepfeffer◇
5 EL Pflanzenöl◇
nach Geschmack:
   1 TL Fenchelsamen◇
Salz

Beilage:
zu gegrilltem oder gebratenem Fleisch; zu Hackfleisch mit Erbsen (siehe Rezept), indischem Fladenbrot und einer Joghurt-Sauce

Spinat mit Zwiebeln
Mughlai sag

für 4 Personen

1 kg frischer Spinat
4 EL Pflanzenöl◇ oder Ghi◇
3 feingehackte Zwiebeln
½–1 feingehackter scharfer
    grüner Chili◇
1 TL feingeriebener Ingwer◇
½ TL Zucker
¼ TL Garam masala◇
    (siehe Rezept)
Salz

◆ Den Spinat waschen und putzen. Die Spinat-blätter quer in Streifen von 1 cm Breite schneiden.
    In einem großen Topf das Öl bei mittlerer Wärme erhitzen. Die Zwiebeln in das heiße Öl geben und unter ständigem Rühren etwa 3 Minuten dünsten. Den Spinat, den Chili, den Ingwer, den Zucker und etwa 1 Teelöffel Salz zugeben. Alles unter Rühren 5 Minuten garen lassen. 125 ml Wasser zugießen und zum Kochen bringen, anschließend gut zudecken und bei verringerter Hitze etwa 10 Minuten weiter kochen. Den Deckel abnehmen und etwas von der überschüssigen Brühe verkochen lassen. Das Garam masala darüberstreuen und untermischen.

Beilage:
zu Huhn in Sahne (siehe Rezept) und Würzigem Duftreis (siehe Rezept)

◆ Den Spinat waschen und putzen. Die Kartoffeln schälen und in Würfel von etwa 2,5 cm Größe schneiden.

In einem ausreichend großen Topf ¼ Liter Wasser zum Kochen bringen. Den Spinat hineingeben und zugedeckt kochen, bis er gerade gar ist. Den Spinat in einem Sieb abseihen und kurz unter kaltem Wasser abschrecken. Den größten Teil der Flüssigkeit aus den Blättern drücken und die Blätter grob hacken. Die Zwiebeln der Länge nach halbieren und quer in sehr dünne Scheiben schneiden.

In einem schweren, gußeisernen Topf das Öl bei mittlerer Wärme erhitzen. Eine Prise Asa foetida und unmittelbar danach die Senfkörner in das heiße Öl streuen. Sobald die Senfkörner nach wenigen Sekunden aufzuplatzen beginnen, die Zwiebeln und den Knoblauch hinzugeben. 2 Minuten rühren, die Kartoffeln und den Cayennepfeffer hineingeben und 1 Minute weiterrühren. Den Spinat, 1 Teelöffel Salz und 2 Eßlöffel Wasser zufügen. Aufkochen und anschließend gut zugedeckt bei sehr schwacher Hitze 40 Minuten sanft köcheln lassen, bis die Kartoffeln weich sind. Dabei gelegentlich umrühren und darauf achten, daß immer etwas Flüssigkeit im Topf bleibt.

Variante:
Den Spinat durch tiefgefrorenen Blattspinat ersetzen. Diesen unaufgetaut in den Topf mit kochendem Wasser geben.

Beilage:
zu Rotem Lammfleischtopf (siehe Rezept) und indischem Fladenbrot oder Reis

Spinat mit Kartoffeln
Sag alu

für 4 bis 6 Personen

500 g frischer Spinat
500 g Kartoffeln
3 Zwiebeln
5 EL Pflanzenöl◇
nach Geschmack:
    gemahlene Asa foetida◇
2 TL schwarze Senfkörner◇
2 feingehackte
    Knoblauchzehen
¼ TL Cayennepfeffer◇
Salz

Gedämpfte Tomaten
Shorbedar tamatar

für 4 Personen

750 g Tomaten
3 EL Pflanzenöl◇
¹/2 TL Kreuzkümmelsamen◇
3 feingehackte
   Knoblauchzehen
3 feingehackte Zwiebeln
1-1 ¹/2 scharfe grüne Chilis◇
1 TL feingeriebener Ingwer◇
¹/2-1 TL (möglichst brauner)
   Zucker
Salz

◆ *Die Tomaten enthäuten, in Würfel von etwa 2,5 cm Größe zerkleinern und die Kerne entfernen.*

In einem mittelgroßen Topf das Öl bei mittlerer Wärme erhitzen. Den Kreuzkümmel und einige Sekunden später den Knoblauch in das heiße Öl geben. Sobald der Knoblauch eine mittelbraune Färbung annimmt, die Zwiebeln und die Chilis hinzufügen und alles unter ständigem Rühren etwa 2 Minuten dünsten. Anschließend die Tomaten, den Ingwer, den Zucker und 1 Teelöffel Salz zugeben. Aufkochen und bei schwacher Hitze und leicht geöffnetem Deckel etwa 10 Minuten köcheln lassen, bis die Tomaten gerade weich sind.

Bemerkung:
Dieses Gericht gehört zu den »feuchten« Gemüsen mit einer dünnen Sauce. Es sollte jedem Gast in einem eigenen Schüsselchen serviert werden.

Beilage:
zu Geschmortem Rindfleisch mit Joghurt (siehe Rezept) und Reis; zu Würzigem Brathuhn (siehe Rezept) und Reis; zu Gegrillten Makrelen mit Zitrone und Koriander (siehe Rezept) und Reis

◆ Die Rüben schaben, der Länge nach halbieren und in 1 cm dicke Scheiben schneiden. Den Ingwer schälen und zu einem feinen Brei verreiben.

In einem Topf das Öl bei mittlerer Wärme erhitzen. Die enthäuteten Tomaten in das heiße Öl geben und etwa 2 Minuten unter ständigem Rühren dünsten. Den Ingwer, den gemahlenen Koriander, das Gelbwurz und den Cayennepfeffer hinzufügen. Weitere 2 Minuten rühren, bis die Sauce eindickt. Die Rüben, den frischen Koriander, die Minze, 1 ½ Teelöffel Salz und knapp ½ Liter Wasser hinzugeben. Alles bei leicht geöffnetem Deckel und mäßiger Hitze 20 Minuten kochen. Dabei gelegentlich umrühren.

Anschließend den Topf fest verschließen und alles bei schwacher Hitze weitere 10 Minuten kochen, bis die Rüben weich sind. Die restliche Sauce beim Servieren mit einem Löffel über die Rüben geben.

Variante:
Die frischen Tomaten durch Dosenfrüchte ersetzen.

Beilage:
zu Lammfleisch mit Zwiebeln (siehe Rezept) und Reis oder indischem Fladenbrot

Weiße Rüben mit Koriander und Minze
Rassedar shaldjam

für 6 Personen

1 kg weiße Rüben
   (ohne Blätter)
1 Ingwerwurzel◇ (2,5 cm)
4 EL Pflanzenöl◇
400 g Tomaten
1 EL gemahlene
   Koriandersamen◇
½ TL Gelbwurz◇
¼-½ TL Cayennepfeffer◇
3 EL feingehackter frischer
   Koriander◇
2 EL feingehackte frische
   Minze
Salz

Fleisch
Mans

Die indische Küche kennt zahlreiche Lamm-
rezepte, aber auch Ziegenfleisch steht mitunter
auf dem Speiseplan. Da Ziegenfleisch in Europa
nur schwer erhältlich ist, wurde es in den nachfolgenden Rezepten durch Lammfleisch ersetzt, das zwar teurer ist, aber von besserem
Geschmack.

Die zum Schmoren am besten geeigneten
Lammstücke sind der Nacken und die Schulter.
Metzger verkaufen gerne Lammkeule zum
Schmoren, da sie leichter zu zerlegen ist. Nach
Möglichkeit sollte jedoch Schulter genommen
werden – entweder die ganze Schulter oder
aber Schulterstücke, die dann mit einem großen
Fleischmesser zerteilt werden. Schulter und
Nacken weisen viel Bindegewebe auf.

In Indien werden bei Eintopfgerichten in der
Regel die Knochen nicht entfernt. Oft werden
sogar noch einige Markknochen zusätzlich hineingegeben, da sie Geschmack und Konsistenz
der Sauce beeinflussen.

Viele Rezepte in diesem Buch erfordern
Lammfleisch ohne Knochen, da die meisten
Menschen dies offensichtlich bevorzugen. Wer
das Fleisch mit Knochen zubereiten möchte,
bedenke, daß die Knochen bei Schmorfleisch
wie der Schulter etwa 40 Prozent ausmachen.
Die Fleischmenge muß also entsprechend
erhöht werden.

In Indien wird Fleisch häufig zusammen mit
Gemüse gekocht, beispielsweise mit Kartoffeln
oder weißen Rüben. Die Gemüse nehmen den
Geschmack des Fleisches an und verleihen
gleichzeitig der Sauce ihr eigenes Aroma.

Gehacktes Lamm mit Minze
Pudina wala kima

für 6 Personen

1 kg Hackfleisch vom Lamm
4 Zwiebeln
1 Ingwerwurzel◇
  (5 cm x 2,5 cm)
8–9 Knoblauchzehen
2 EL gemahlener
  Kreuzkümmel◇
4 TL gemahlene
  Koriandersamen◇
1/4–1 TL Cayennepfeffer◇
1 TL Gelbwurz◇
4 EL Pflanzenöl◇
4 Kardamomkapseln◇
6 Nelken◇
50 g frische Minze
1/4 TL Garam masala◇
  (siehe Rezept)
3 TL Zitronensaft
Salz

Die eine Hälfte der Zwiebeln fein hacken und zur Seite stellen. Die andere Hälfte grob hacken und zusammen mit dem geschälten und gehackten Ingwer, dem Knoblauch und mit 3 Eßlöffel Wasser im Mixer mahlen, bis eine glatte Paste entsteht. Die Paste in eine kleine Schüssel füllen, den Kreuzkümmel, den Koriander, den Cayennepfeffer und das Gelbwurz zugeben und alles vermischen. Die Gewürzpaste ebenfalls zur Seite stellen.

In einer Pfanne von etwa 25 cm Durchmesser das Öl stark erhitzen. Den Kardamom und die Nelken in das heiße Öl geben, unmittelbar danach die zur Seite gestellten Zwiebeln hinzufügen. Alles unter ständigem Rühren dünsten, bis es gut angebräunt ist. Auf mittlere Hitze verringern und die zur Seite gestellte Gewürzpaste hinzugeben. Unter ständigem Rühren 3 bis 4 Minuten weiter bräunen. Sollte die Mischung in der Pfanne anbacken, 1 Eßlöffel Wasser darübergeben und weiter bräunen.

Anschließend das Hackfleisch zugeben, alle Klümpchen zerdrücken und rühren, bis das Hackfleisch seine rosarote Farbe verliert. Erneut 1 Minute rühren. 1 1/2 Teelöffel Salz darüberstreuen und gut durchmischen. Den Topf zudecken und das Hackfleisch bei schwacher Hitze 25 Minuten im eigenen Saft schmoren lassen.

Den Deckel abnehmen und mit einem Löffel den größten Teil des Fetts abschöpfen. Die feingehackte Minze, das Garam masala und den Zitronensaft zugeben. Alles gut durchrühren und zum Sieden bringen. Anschließend im offenen Topf bei schwacher Hitze 3 Minuten köcheln lassen.

Bemerkung:
Die nicht zerkochten Gewürze werden nicht mitgegessen.

Variante:

◆ *Das obere Ende der Tomaten abschneiden und das Innere aushöhlen, ohne die Haut zu verletzen. Die Tomaten innen mit reichlich Pfeffer und Salz einreiben und locker mit der Hackfleisch-Mischung füllen. Die Enden wieder aufsetzen und die Tomaten im Backofen etwa 15 Minuten bei 200° braten, bis ihre Haut faltig wird. Mit Reis und Salat servieren.*

Beilagen:
Linsen mit Spinat und Ingwer (siehe Rezept) oder ein anderes Hülsenfruchtgericht, Reis und eine Joghurt-Sauce

Tomaten mit Hackfleisch-Füllung
Tamatar kofta

etwa 10 feste,
  mittelgroße Tomaten
schwarzer Pfeffer
Salz

Hackfleisch mit Erbsen
Kima matar

Dieses Gericht eignet sich ausge-
zeichnet für Picknicks, da es auch kalt
gegessen werden kann.

für 4 bis 6 Personen

750 g Hackfleisch vom Lamm
4 EL Pflanzenöl◊
1 feingehackte Zwiebel
6–7 feingehackte
    Knoblauchzehen
1 Ingwerwurzel◊
1–2 gehackte scharfe grüne
    Chilis◊
1 TL gemahlene
    Koriandersamen◊
1 TL gemahlener
    Kreuzkümmel◊
Cayennepfeffer◊
175–200 g Erbsen
6 EL gehackter frischer
    Koriander
1 TL Garam masala◊
    (siehe Rezept)
1 ½ EL Zitronensaft
Salz

◆ In einer mittelgroßen Pfanne das Öl bei mittlerer Wärme erhitzen. Die Zwiebel in das heiße Öl
geben und rühren, bis sie eine leicht bräunliche
Farbe annimmt. Den Knoblauch zufügen und alles
1 Minute dünsten. Den Ingwer schälen und zu
einem Brei verreiben. Das Hackfleisch, den Ingwer,
die Chilis, den gemahlenen Koriander, den Kreuzkümmel und eine gute Prise Cayennepfeffer
zugeben. Das Fleisch 5 Minuten rühren, dabei
die Klümpchen zerdrücken. Mit 175 ml Wasser
ablöschen und zum Kochen bringen. Die Pfanne
zudecken und alles bei schwacher Hitze 30 Minuten köcheln lassen.

Die Erbsen, den frischen Koriander, das Garam
masala, den Zitronensaft, 1 ¼ Teelöffel Salz und
6 Eßlöffel Wasser zugeben. Alles miteinander vermischen und zum Kochen bringen. Die Pfanne
zudecken und alles bei schwacher Hitze etwa
10 Minuten garen, bis die Erbsen weich sind.
Abschmecken und gegebenenfalls Salz und Zitronensaft hinzufügen.

Da sich auf dem Boden der Pfanne Fett angesammelt haben kann, das Hackfleisch und die
Erbsen mit einem Schaumlöffel herausheben und
servieren.

Variante:
Statt Hackfleisch vom Lamm kann auch Hackfleisch vom Rind verwendet werden.

Beilagen:
Ballonbrot (siehe Rezept) oder Geschichtetes Brot
(siehe Rezept), Blumenkohl und weißer Rettich,
sauer eingelegt, oder Zwiebel-Dip (siehe Rezept)

◆ *Das Fleisch waschen und trockentupfen, den Ingwer schälen und fein reiben. Das Fleisch, den Ingwer, den Kreuzkümmel, den Koriander, die gemahlenen Nelken, den Zimt, eine Prise Muskatnuß, den schwarzen Pfeffer, eine gute Prise Cayennepfeffer, 3 Eßlöffel Joghurt und etwa 1 ¹/₄ Teelöffel Salz in eine Schüssel geben und alles gut durchmischen. Die Hände mit kaltem Wasser benetzen und 24 längliche Röllchen von 6 bis 7,5 cm Länge und 2,5 cm Dicke formen.*

In einer großen oder in zwei kleinen Pfannen das Öl erhitzen. Den Zimt, den Kardamom, die Lorbeerblätter und die ganzen Nelken hineingeben und alles kurz umrühren. Die Röllchen nebeneinander hineinlegen und bei mittlerer Hitze braten, bis sie von allen Seiten leicht braun sind.

Den restlichen Joghurt mit dem warmen Wasser verschlagen. Diese Mischung über die Röllchen schütten und zum Kochen bringen. Die Pfanne zudecken und alles bei verringerter Hitze etwa 30 Minuten köcheln lassen. Dabei die Röllchen alle 7 bis 8 Minuten vorsichtig wenden. Sollte nach 30 Minuten außer dem Fett noch Flüssigkeit in der Pfanne sein, die Temperatur erhöhen, um die Flüssigkeit verdampfen zu lassen.

Vor dem Servieren die Röllchen mit einem Schaumlöffel aus dem Fett heben und die nicht zerkochten Gewürze entfernen.

Beilagen:
Duftreis (siehe Rezept), Rote Linsen mit Kreuzkümmel (siehe Rezept) und Möhren- und Zwiebelsalat (siehe Rezept)

Hackfleischröllchen auf Kaschmir-Art
Kaschmiri koftas

Die Gewürzmischung dieser Hackfleischröllchen gibt den unverkennbaren Geschmack der Küche aus Kaschmir wieder.

für 6 Personen

1 kg Hackfleisch vom Lamm
1 Ingwerwurzel◇
  (4 cm x 2,5 cm)
1 EL gemahlener
  Kreuzkümmel◇
1 EL gemahlene
  Koriandersamen◇
¹/₄ TL gemahlene Nelken◇
¹/₄ TL Zimt◇
Muskatnuß◇
¹/₄ TL schwarzer Pfeffer
Cayennepfeffer◇
5 EL Joghurt◇
7-8 EL Pflanzenöl◇
1 Stück Zimt◇ (2,5 cm)
5-6 Kardamomkapseln◇
2 Lorbeerblätter
5-6 Nelken◇
¹/₄ l warmes Wasser
Salz

Saucen

Viele Fleisch-, Geflügel- und Fischgerichte werden in einer dicken, dunklen Sauce zubereitet. In Indien wird nicht Mehl zum Dicken einer Sauce verwendet – diese Aufgabe übernehmen Zutaten wie Zwiebeln, Knoblauch, Ingwer, Joghurt oder Tomaten. Die satte, braune Farbe entsteht durch das gründliche Anbraten all dieser Zutaten. Häufig wird zuerst aus einer oder mehreren Zutaten unter Zugabe von etwas Wasser im Mixer eine Paste hergestellt, die dann in einem schweren Topf mit viel Öl angebräunt wird. Erst durch das Bräunen erhält die Sauce den richtigen Geschmack und die gewünschte Farbe. Überschüssiges Öl kann von der Oberfläche abgeschöpft werden, sobald das Gericht fertig ist.

Joghurt verleiht den Saucen eine cremige Konsistenz und einen fein säuerlichen Geschmack. Da Joghurt beim Erhitzen jedoch gerinnt, wird er den Saucen immer nur löffelweise beigegeben. Ein Eßlöffel Joghurt wird solange verrührt, bis er von der Sauce absorbiert und aufgenommen wird.

Das Eindicken von Saucen kann auch ohne Zutaten geschehen. Soll das Fleisch in einer dünnen, klaren Sauce garen, wird der Topfdeckel abgenommen und die Sauce bei recht großer Hitze gekocht, bis sie dick wird und am Fleisch hängenbleibt. Währenddessen muß das Fleisch ständig gewendet werden, damit es nicht haftenbleibt und anbrennt.

Zum Marinieren werden größere Fleischstücke tief eingeschnitten und über Nacht in einer Marinade aus Joghurt und Gewürzen eingelegt. Das Aroma der Gewürze kann so in das Innere des Fleisches eindringen, und der Joghurt macht das Fleisch zart. Marinierte Fleischstücke können schneller als gewöhnlich gegrillt oder im Backofen gebraten werden.

Mysore:
Markt mit Früchten

Madras:
Straßengeschäft

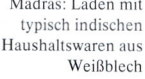
Madras: Laden mit
typisch indischen
Haushaltswaren aus
Weißblech

Zubereitung eines »Currys«

Doosai, ein süd-indisches Frühstück

◆ Den geschälten und gehackten Ingwer und den Knoblauch mit 4 Eßlöffel Wasser im Mixer mahlen, bis eine glatte Paste entsteht. Die Zucchini der Länge nach vierteln und in Stücke von etwa 4 cm Länge schneiden. Die Tomaten enthäuten und zerkleinern.

In einer großen Pfanne das Öl bei mittlerer Wärme erhitzen. Die Knoblauchwürstchen in das heiße Öl geben und braten, bis sie von allen Seiten gebräunt sind. Herausnehmen und auf einem Teller zur Seite stellen.

Die Zwiebeln in dasselbe Öl geben und unter ständigen Rühren dünsten, bis die Ränder braun werden. Die Ingwer-Knoblauch-Paste hinzufügen und erneut 1 Minute rühren. Den Kreuzkümmel und den Cayennepfeffer zugeben und einige Male umrühren. Die Tomaten hinzufügen und erneut 1 Minute rühren. Die Zucchini und ½ Teelöffel Salz zufügen. Alles zum Sieden bringen und zugedeckt bei schwacher Hitze 10 Minuten köcheln lassen.

Die Würstchen in je drei Stücke schneiden und in die Pfanne geben. Alles 5 Minuten lang zugedeckt weiter köcheln lassen, bis die Würstchen wieder heiß geworden sind.

Beilage:
Kartoffeln mit schwarzem Pfeffer (siehe Rezept)

Indische Knoblauchwürstchen
Chipolata

für 4 Personen

250 g Knoblauchwürstchen
   aus Schweinefleisch
1 Ingwerwurzel◇ (2,5 cm)
3 Knoblauchzehen
250 g kleine Zucchini
250 g Tomaten
2 EL Pflanzenöl◇
3 Zwiebeln
1 TL gemahlener
   Kreuzkümmel◇
¼ TL Cayennepfeffer◇
Salz

Lammfleisch
mit Zwiebeln
Do piadja

für 6 Personen

1,25 kg Lammschulter
  ohne Knochen,
  möglichst fettarm
6 EL Joghurt◇
4 große Zwiebeln
1 Ingwerwurzel◇ (2,5 cm)
7 Knoblauchzehen
10 EL Pflanzenöl◇
1 Stück Zimt◇ (2,5 cm)
10 Kardamomkapseln◇
10 Nelken◇
1 EL gemahlene
  Koriandersamen◇
2 TL gemahlener
  Kreuzkümmel◇
1/4–1/2 TL Cayennepfeffer◇
1/2 TL Garam masala◇
  (siehe Rezept)
Salz

◆ Das Fleisch waschen, trockentupfen und in Würfel von etwa 2,5 cm Größe schneiden. Den Joghurt in einer Schüssel schlagen. 3 Zwiebeln senkrecht halbieren und die Hälften quer in sehr feine Ringe schneiden. Die vierte Zwiebel fein hacken. Die Zwiebelringe und die gehackte Zwiebel getrennt zur Seite stellen.

Den geschälten und gehackten Ingwer und den Knoblauch mit 6 Eßlöffel Wasser im Mixer mahlen, bis eine glatte Paste entsteht.

In einer schweren Saucenpfanne das Öl bei mittlerer Wärme erhitzen. Die Zwiebelringe in das heiße Öl geben und 10 bis 12 Minuten braten, bis sie eine rötlich-braune Farbe annehmen. Dabei umrühren, die Hitze gegen Ende eventuell etwas verringern. Die Zwiebeln mit einem Schaumlöffel aus der Pfanne heben und auf einem mit saugfähigem Papier ausgelegten Teller ausbreiten. Den Zimt, den Kardamom und die Nelken in das heiße Öl geben und alles etwa 5 Sekunden bei mittlerer Hitze umrühren.

Anschließend soviele Fleischwürfel hineingeben, wie die Pfanne in einer Lage locker fassen kann. Das Fleisch von allen Seiten bräunen. Die Fleischwürfel mit einem Schaumlöffel herausheben und in eine Schüssel geben. Mit dem restlichen Fleisch auf gleiche Weise verfahren.

Die gehackte Zwiebel in das verbliebene Öl geben und unter ständigem Rühren bei mittlerer Hitze anbraten, bis die Ränder braun werden. Die Ingwer-Knoblauch-Paste hinzugeben und weiterrühren, bis alles Wasser verkocht ist und das Öl wieder sichtbar wird. Die Hitze etwas verringern, den Koriander und den Kreuzkümmel hinzufügen und 1/2 Minute rühren. 1 Eßlöffel Joghurt zugeben und weiterrühren, bis er sich mit der Sauce verbunden hat. Mit dem restlichen Joghurt auf gleiche Weise verfahren.

Das Fleisch und den Saft, der sich in der Schüssel angesammelt hat, zusammen mit 1/3 Liter Wasser, dem Cayennepfeffer und 1 1/4 Teelöffel Salz in die Pfanne geben. Alles gut miteinander verrühren und zum Sieden bringen. Die Pfanne zudecken und alles bei schwacher Hitze etwa 45 Minuten kochen, bis das Lammfleisch weich ist.

Die gebratenen Zwiebeln und das Garam masala hinzufügen. Alles nochmals miteinander verrühren und weitere 2 bis 3 Minuten ohne Deckel kochen. Dabei vorsichtig umrühren. Die Hitze abschalten und die Pfanne eine Zeitlang stehenlassen. Das sich beim Erkalten absetzende Fett mit einem Löffel abschöpfen.

Bemerkung:
Dieses Gericht kann im voraus zubereitet und bei Bedarf aufgewärmt werden.

Beilagen:
Reis oder Brot; Würzige grüne Bohnen (siehe Rezept)

Kaschmir-Lammtopf
Kaschmiri yakhni

Einige Gerichte aus Kaschmir sind
äußerst scharf, andere mild und sanft.
Bei einer Mahlzeit werden sie oft zusammen serviert. Der typische Lammtopf
– reichlich mit köstlichem Fenchel
gewürzt, aber ohne scharfe Chilis – wird
mit Joghurt angedickt und erhält so
einen cremig-säuerlichen Geschmack.

für 4 bis 6 Personen

1,25 kg Lammschulter
   mit oder ohne Knochen
4 TL Fenchelsamen◇
6 EL Pflanzenöl◇ oder Ghi◇
nach Geschmack:
   gemahlene Asa foetida◇
1 Stück Zimt◇ (2,5 cm)
10 Kardamomkapseln◇
15 Nelken◇
1 ½ TL Ingwerpulver◇
400 ml Joghurt◇
¼ TL Garam masala◇
   (siehe Rezept)
Salz

◆ *Das Fleisch waschen, trockentupfen und in
Würfel von etwa 5 cm Größe schneiden. Die Fenchelsamen in einer sauberen Kaffee- oder Gewürzmühle fein mahlen.*

*In einem schweren Topf das Öl bei mittlerer
Wärme erhitzen. Zuerst eine Prise Asa foetida und
gleich darauf das Fleisch, den Zimt, den Kardamom, die Nelken und 1 ¾ Teelöffel Salz hineingeben. Umrühren und alles etwa 5 Minuten lang bei
offenem Topf und starker Hitze anbraten, bis fast
alle aus dem Fleisch tretende Flüssigkeit verdampft
ist und das Fleisch eine zarte Bräune annimmt. Auf
mittlere Hitze verringern und 1 Eßlöffel Wasser,
den Fenchel und den Ingwer zugeben. Alles gut vermischen. Gut ¾ Liter Wasser zugießen und im
halbgeschlossenen Topf bei mittlerer Hitze 30 Minuten köcheln lassen.*

*Den Topf zudecken und alles bei schwacher
Hitze etwa 40 Minuten weiter köcheln lassen, bis
das Fleisch weich ist. Dabei gelegentlich umrühren.
Wird die Mischung zu trocken, eventuell einige
Eßlöffel Wasser zugeben.*

*In einer Schüssel den Joghurt glatt und cremig
schlagen.*

*Den Deckel abnehmen und die Hitze leicht
erhöhen. Die Fleischwürfel an den Rand schieben,
so daß in der Mitte eine Vertiefung entsteht. Den
Joghurt sehr langsam in die Vertiefung geben und
dabei mit einem Schaumlöffel sehr schnell hin und
her bewegen, um zu verhindern, daß er gerinnt. Ist
der Joghurt auf diese Weise eingearbeitet, die Löf-
felbewegung weitere 5 Minuten fortsetzen, bis eine
cremige Sauce entsteht. Alles bei leicht geöffnetem
Deckel und mäßiger Hitze weitere 10 Minuten
kochen. Das Garam masala darüberstreuen und
einrühren. Die nicht zerkochten Gewürze vor dem
Servieren entfernen.*

Beilage:
Reis

◆ *Das Fleisch waschen und in Würfel von etwa 2,5 cm Größe schneiden. Den Spinat waschen, verlesen und fein hacken.*

In einem großen Topf das Öl bei mittlerer Wärme erhitzen. Die Pfefferkörner, die Nelken, die Lorbeerblätter und den Kardamom in das heiße Öl geben und alles kurz umrühren. Die Zwiebeln, den Knoblauch und den Ingwer zugeben. Rühren, bis die Zwiebeln eine bräunliche Farbe annehmen.

Das Fleisch hinzufügen. Den Kreuzkümmel, den Koriander, den Cayennepfeffer und 1 Teelöffel Salz zugeben und alles 1 Minute rühren. 1 Eßlöffel des gut geschlagenen Joghurts zugeben und alles 1 Minute rühren. Mit dem restlichen Joghurt auf gleiche Weise verfahren.

Wenn das Fleisch leicht gebräunt ist, den Spinat und 1 Teelöffel Salz zugeben und alles durchrühren. Kochen und weiter rühren, bis der Spinat zusammenfällt. Den Topf schließen und alles bei schwacher Hitze etwa 70 Minuten köcheln lassen, bis das Fleisch weich ist.

Den Deckel abnehmen und das Garam masala hinzufügen. Auf mittlere Hitze bringen und umrühren. Alles weitere 5 Minuten garen lassen, bis das meiste, doch nicht alles Wasser aus dem Spinat verdunstet und eine dicke grüne Sauce entstanden ist. Die nicht zerkochten Gewürze vor dem Servieren entfernen.

Lamm mit Spinat
Dilli ka sag goscht

für 6 Personen

1 kg Lammschulter
  ohne Knochen
1 kg frischer Spinat
8 EL Pflanzenöl◇
¼ TL schwarze Pfefferkörner
6–7 Nelken◇
2 Lorbeerblätter
6 Kardamomkapseln◇
4 feingehackte Zwiebeln
6–8 feingehackte
  Knoblauchzehen
1 geschälte und feingehackte
  Ingwerwurzel◇ (2,5 cm)
2 TL gemahlener
  Kreuzkümmel◇
1 TL gemahlene
  Koriandersamen◇
¼–¾ TL Cayennepfeffer◇
5 EL Joghurt◇
¼ TL Garam masala◇
  (siehe Rezept)
Salz

Varianten:
▷ *Die Lammschulter durch Rindfleisch (Nacken oder Schulter) ersetzen. Rindfleisch muß jedoch etwa 1 Stunde länger als Lamm kochen, um weich zu werden.*
▷ *Statt des frischen Spinats tiefgefrorenen verwenden.*

Beilagen:
Gebratene Auberginenscheiben (siehe Rezept) und eine Joghurt-Sauce; Reis oder indisches Fladenbrot

Dum

Seit der Zeit, da die Moguln nach Indien kamen, kennt die indische Eßkultur eine Zubereitungsart, die *dum* genannt wird. Fleisch – oder auch Reis – wird in einem schweren Topf nur halb gegart, der Topf mit einem flachen Deckel anschließend verschlossen, und Topf und Deckel werden mit einem Ring aus zähem Teig fest versiegelt. Der Topf wird über ein schwaches Feuer gestellt – gewöhnlich Holzkohlenglut – und auf dem Deckel heiße Holzkohle ausgebreitet. In nur wenig Flüssigkeit gart das Fleisch sehr langsam vor sich hin, bis es weich ist.

In der heutigen Zeit entspricht der *dum*-Methode das langsame Schmoren im Backofen. Geschmortes Rindfleisch mit Joghurt, ein traditionelles Rezept der Mogulküche, wurde nur insofern verändert, wie es die zeitgenössische Küche erfordert. Wie bei vielen anderen *dum*-Gerichten entsteht nicht viel Sauce, die im Idealfall dickflüssig sein und am Fleisch haften sollte.

Auf Cayennepfeffer kann bei diesem Rezept verzichtet werden. Das scharfe Gewürz war nicht immer Bestandteil des Gerichtes: Erst später verwendeten die Moguln ihn großzügig, angeregt durch die von den Portugiesen aus der Neuen Welt mitgebrachten Chilis.

◆ Das Fleisch waschen, trockentupfen und in Würfel von etwa 4 cm Größe schneiden. In einer feuerfesten Kasserolle das Öl stark erhitzen. Soviele Fleischstücke in das heiße Öl geben, wie der Topf in einer Lage locker fassen kann. Das Fleisch von allen Seiten bräunen und anschließend auf einem tiefen Teller zur Seite stellen. Mit dem restlichen Fleisch auf gleiche Weise verfahren.

Die Zwiebeln und den Knoblauch in die Kasserolle geben. Auf mittlere Hitze verringern und die Zwiebel-Knoblauch-Mischung etwa 10 Minuten rühren, bis sie gebräunt ist. Das Fleisch und den Saft, der sich auf dem Teller gesammelt hat, zusammen mit dem Ingwer, dem Cayennepfeffer, dem Paprika, dem schwarzen Pfeffer und 2 Teelöffel Salz in die Kasserolle geben. 1 Minute rühren, den leicht geschlagenen Joghurt hinzufügen und kurz zum Kochen bringen. Danach die Kasserolle mit Aluminiumfolie und Deckel abdichten und 1 ½ Stunden im auf 160° vorgeheizten Backofen schmoren lassen. Ist das Fleisch noch nicht weich, 150 ml kochendes Wasser zugießen, den Topf wieder sorgfältig verschließen und alles erneut 20 bis 30 Minuten schmoren lassen. Vor dem Servieren vorsichtig umrühren.

Variante:
Das Schmorfleisch vom Rind durch Lamm ersetzen.

Beilage:
indisches Fladenbrot oder Reisgericht mit Pilzen (siehe Rezept)

Geschmortes Rindfleisch mit Joghurt
Dum goscht

für 4 bis 6 Personen

1 kg Schmorfleisch vom Rind
    ohne Knochen
    (Nacken oder Schulter)
6 EL Pflanzenöl◇
6 feingehackte Zwiebeln
6 feingehackte
    Knoblauchzehen
½ TL Ingwerpulver◇
⅛–½ TL Cayennepfeffer◇
1 EL Paprika
½ TL grob gemahlener
    schwarzer Pfeffer
¼ l Joghurt◇
Salz

Roter Lammfleischtopf
Rogan josch

für 4 bis 6 Personen

1 kg Lammfleisch
    ohne Knochen
    (Schulter oder Keule)
1 Ingwerwurzel◇ (5 cm)
8 Knoblauchzehen
10 EL Pflanzenöl◇
10 Kardamomkapseln◇
2 Lorbeerblätter
6 Nelken◇
10 schwarze Pfefferkörner
1 Stück Zimt◇ (2,5 cm)
5 gehackte Zwiebeln
4 TL roter Paprika
1/4–1 TL Cayennepfeffer◇
1 TL gemahlene
    Koriandersamen◇
2 TL gemahlener
    Kreuzkümmel◇
6 EL Joghurt◇
1/4 TL Garam masala◇
    (siehe Rezept)
schwarzer Pfeffer
Salz

◆ Das Fleisch waschen, trockentupfen und in Würfel von etwa 2,5 cm Größe schneiden. Den geschälten und gehackten Ingwer und den Knoblauch mit 4 Eßlöffel Wasser im Mixer mahlen, bis eine glatte Paste entsteht.

In einem schweren Topf das Öl bei mittlerer Wärme erhitzen. Das Fleisch nach und nach anbräunen und auf einem tiefen Teller zur Seite stellen. Den Kardamom, die Lorbeerblätter, die Nelken, die Pfefferkörner und den Zimt in dasselbe heiße Öl geben und einmal umrühren. In Sekundenschnelle werden die Nelken anschwellen und die Lorbeerblätter sich verfärben. Die Zwiebeln zugeben und 5 Minuten ständig rühren, bis sie eine mittelbraune Farbe annehmen. Die Ingwer-Knoblauch-Paste zufügen und 1/2 Minute rühren. Den Paprika und den Cayennepfeffer mischen und zusammen mit dem Koriander, dem Kreuzkümmel und 1 1/4 Teelöffel Salz zugeben. Erneut 1/2 Minute rühren und das Fleisch mit dem Saft, der sich auf dem Teller angesammelt hat, in den Topf geben. Wiederum 1/2 Minute rühren. 1 Eßlöffel Joghurt zugeben und 30 Sekunden verrühren, bis er sich mit der Sauce verbunden hat. Mit dem restlichen Joghurt auf gleiche Weise verfahren und 3 bis 4 Minuten weiterrühren.

1/4 Liter Wasser zugießen und alles zum Kochen bringen. Dabei alle gebräunten Gewürze vom Rand und vom Boden des Topfes schaben. Das Fleisch zugedeckt bei schwacher Hitze etwa 1 Stunde köcheln lassen. Dabei alle 10 Minuten gut umrühren.

Wenn das Fleisch weich ist, den Deckel abnehmen, auf mittlere Hitze bringen und einen Teil der Flüssigkeit verkochen lassen, bis eine dicke, rötlich-braune Sauce entsteht. Mit einem Löffel den größten Teil des Fetts abschöpfen. Vor dem Servieren das Garam masala und schwarzen Pfeffer darüberstreuen und untermischen.

Varianten:

▷ *Das Lammfleisch kann durch Schmorfleisch vom Rind (Nacken) ersetzt werden. Rindfleisch muß jedoch etwa 1 Stunde länger als Lamm kochen, um weich zu werden. Statt ¼ Liter Wasser ½ Liter Wasser verwenden.*

▷ *Das Fleisch kann auch zugedeckt im auf 180° vorgeheizten Backofen nach den gleichen Zeitangaben geschmort werden.*

Beilagen:
Reis, grüne Bohnen oder Auberginen

Rogan josch

Der Name *Rogan josch* ist auf die satte rote Farbe des Gerichtes zurückzuführen. Es verdankt sein Aussehen den gemahlenen roten Chilis, die recht großzügig verwendet werden. Soll das Gericht nicht zu scharf schmecken, aber dennoch die richtige Farbe aufweisen, so kann Paprika und Cayennepfeffer nach Geschmack kombiniert werden. Der Paprika sollte frisch sein und eine kräftige rote Farbe haben.

Es gibt viele Rezepte für *Rogan josch*. In Kaschmir wird er ohne Zwiebeln und Knoblauch zubereitet, da diese von den Hindus nicht gegessen werden.

Das Fleisch kann mit oder ohne Knochen benutzt werden, in Indien wird es am liebsten mit Knochen verzehrt.

◆ *Das Lammfleisch waschen und in Würfel von etwa 5 cm Größe schneiden. Die Fenchelsamen in einer sauberen Kaffee- oder Gewürzmühle fein mahlen. In einer Schüssel den Joghurt mit Gabel oder Schneebesen glatt und cremig schlagen.*

In einem großen Topf das Öl stark erhitzen. Den Zimt und die Nelken in das heiße Öl geben, gleich darauf eine Prise Asa foetida. Das Fleisch und 2 1/2 Teelöffel Salz hinzugeben und alles bei starker Hitze etwa 5 Minuten rühren. Den Paprika und den Cayennepfeffer mischen und unter weiterem Rühren zufügen. Nach und nach den Joghurt – jeweils 100 bis 150 ml – beigeben. Bei starker Hitze kochen, bis alle Flüssigkeit verdampft ist und die Fleischstücke leicht gebräunt sind. Die gemahlenen Fenchelsamen und den Ingwer hinzufügen. Dabei gelegentlich umrühren.

Anschließend reichlich 3/4 Liter Wasser in den Topf gießen und alles bei leicht geöffnetem Deckel und mittlerer Hitze 30 Minuten kochen.

Anschließend den Topf vollständig zudecken und alles bei schwacher Hitze weitere 45 Minuten kochen, bis das Fleisch weich ist. Dabei gelegentlich umrühren und darauf achten, daß immer etwas Flüssigkeit im Topf ist.

Den Deckel abnehmen und das Garam masala dazugeben. Es sollte eine dicke, rötlich-braune Sauce entstanden sein. Wenn sie noch zu dünn ist, einen Teil der Flüssigkeit verkochen lassen.

Beilagen:
Spinat mit Kartoffeln (siehe Rezept), Langkornreis oder frisches Chutney

Roter Kaschmir-Lammtopf
Kaschmiri rogan josch

für 4 bis 6 Personen

1,25 kg Schmorfleisch vom
*   Lamm mit Knochen*
*   (Schulter und Nacken)*
1 EL Fenchelsamen◇
700 ml Joghurt◇
6 EL Pflanzenöl◇
1 Stück Zimt◇ (2 cm)
1/2 TL Nelken◇
nach Geschmack:
*   gemahlene Asa foetida◇*
4 TL leuchtend roter Paprika
1/4–1 TL Cayennepfeffer◇
1 1/2 TL Ingwerpulver◇
1/4 TL Garam masala◇
*   (siehe Rezept)*
Salz

Mughlai-Lamm mit weißen Rüben
Shabdeg

Für dieses klassische Mogul-Rezept sind kleine, ganze Rüben notwendig, denn sie absorbieren den Fleischsaft und werden butterweich.

für 6 Personen

1 1/2 bis 2 Stunden marinieren

1 kg Schmorfleisch vom Lamm
    mit Knochen (Schulter)
10 kleine weiße Rüben
    (etwa 700 g ohne Blätter
    und Stiele)
500 g Zwiebeln
8 EL Pflanzenöl◇
1/4 l Joghurt◇
1 Ingwerwurzel◇ (2,5 cm)
1/2 TL Gelbwurz◇
1/2 TL Cayennepfeffer◇
1 EL gemahlene
    Koriandersamen◇
1/2 TL Garam masala◇
    (siehe Rezept)
Salz

◆ *Die weißen Rüben schälen, die größeren halbieren. Von allen Seiten mit einer Gabel einstechen, in eine Schüssel legen und mit 3/4 Teelöffel Salz einreiben. 1 1/2 bis 2 Stunden zur Seite stellen.*

Das Fleisch waschen, trockentupfen und in Würfel von etwa 4 cm Größe schneiden. Die Zwiebeln senkrecht halbieren und die Hälften quer in sehr feine Ringe schneiden. In einem Topf das Öl bei mittlerer Wärme erhitzen. Die Zwiebeln in das heiße Öl geben und rühren, bis sie eine rötlichbraune Farbe annehmen. Die Zwiebeln mit einem Schaumlöffel herausheben und über dem Topf mit einem zweiten Löffel ausdrücken, damit möglichst viel Öl abläuft. Die Zwiebeln auf einem Teller zur Seite stellen.

Das Fleisch in den Topf geben, den Joghurt, den geschälten und feingehackten Ingwer und 1 Teelöffel Salz hinzufügen. Umrühren und alles bei starker Hitze zum Kochen bringen, bis reichlich dünne Sauce entstanden ist. Unter gelegentlichem Umrühren etwa 10 Minuten kochen, bis die Sauce eindickt und das Öl sich abzusondern scheint.

Auf mittlere Hitze verringern und weiterrühren. Alles 5 bis 7 Minuten schmoren lassen, bis das Fleisch leicht gebräunt und die Sauce nahezu verkocht ist. Auf mäßige Hitze verringern, das Gelbwurz, den Cayennepfeffer und den Koriander dazugeben und 1 Minute rühren.

2 1/4 Liter Wasser mit etwas Salz hinzugießen, die weißen Rüben zufügen. Alles erneut zum Kochen bringen, auf mittlere Hitze verringern und ohne Deckel etwa 45 Minuten kochen, bis weniger als ein Drittel der Flüssigkeit übrig ist. Dabei gelegentlich umrühren.

Die gebratenen Zwiebeln und das Garam masala dazugeben. Beides vorsichtig unterrühren und auf schwache Hitze verringern. Alles ohne Deckel weitere 10 Minuten leicht kochen. Dabei gelegentlich umrühren und darauf achten, daß die weißen Rüben nicht zerfallen.

Mit einem Löffel das oben schwimmende Öl abschöpfen. Heiß servieren.

Beilagen:
Reisgericht mit Pilzen (siehe Rezept), Würzige
grüne Bohnen (siehe Rezept), ein Hülsenfrucht-
gericht und eine Joghurt-Sauce

◆ *Das Fleisch waschen, trockentupfen und in*
Würfel von etwa 2,5 cm Größe schneiden. Die Kar-
toffeln schälen und halbieren, die Tomaten ent-
häuten und fein würfeln.
    In einem großen, schweren Topf das Öl stark
erhitzen. Die Zwiebeln, den Chili und den Knob-
lauch in das heiße Öl geben. Rühren, bis die Zwie-
beln eine leicht bräunliche Farbe annehmen. Das
Fleisch hinzufügen und etwa 5 Minuten kräftig
weiterrühren.
    Die Tomaten, den Kreuzkümmel, den Korian-
der, das Gelbwurz, den Cayennepfeffer und 2 Tee-
löffel Salz zufügen. Unter weiterem Rühren bei
starker Hitze 10 bis 15 Minuten kochen, bis die
Sauce eindickt und das Öl sich absondert.
    Die Kartoffeln und reichlich ³/4 Liter Wasser
zugeben. Alles bei leicht geöffnetem Deckel und
mäßiger Hitze etwa 70 Minuten kochen, bis das
Fleisch weich ist und die Sauce eindickt.

Beilagen:
Reis oder indisches Fladenbrot; Grüne Bohnen auf
Gujarat-Art (siehe Rezept)

Lamm mit Kartoffeln auf Delhi-Art
Alu goscht

für 6 Personen

1 kg Lammschulter
    ohne Knochen
500 g mittelgroße Kartoffeln
300 g frische Tomaten
7 EL Pflanzenöl◇
4 feingehackte Zwiebeln
¹/2–1 feingehackte grüne Chili
5 feingehackte
    Knoblauchzehen
1 EL gemahlener
    Kreuzkümmel◇
2 TL gemahlene
    Koriandersamen◇
¹/2 TL Gelbwurz◇
¹/4–1 TL Cayennepfeffer◇
Salz

Königliches Lammfleisch in Mandelsauce
Shahi korma

Eine Reihe indischer Gerichte sind schon vor einigen Jahrhunderten durch Anregungen aus anderen Ländern entstanden. *Shahi korma* hat seine Wurzeln in der persischen Küche.

für 4 bis 6 Personen

1 kg Lammfleisch
  ohne Knochen
  (Schulter oder Keule)
50 g Mandeln
1 Ingwerwurzel◇ (2,5 cm)
8 Knoblauchzehen
7 EL Pflanzenöl◇
10 Kardamomkapseln◇
6 Nelken◇
1 Stück Zimt◇ (2,5 cm)
1 TL gemahlene
  Koriandersamen◇
2 TL gemahlener
  Kreuzkümmel◇
½ TL Cayennepfeffer◇
¼ l Schlagsahne
¼ TL Garam masala◇
  (siehe Rezept)
Salz

◆ *Das Fleisch waschen, trockentupfen und in Würfel von etwa 2,5 cm Größe schneiden. Die Mandeln blanchieren, halbieren und zusammen mit dem geschälten und gehackten Ingwer und dem Knoblauch mit 6 Eßlöffel Wasser im Mixer mahlen, bis eine glatte Paste entsteht.*

In einem schweren Topf das Öl bei mittlerer Wärme erhitzen. Soviele Fleischwürfel hineingeben, wie der Topf in einer Lage locker fassen kann. Das Fleisch von allen Seiten anbraten, mit einem Schaumlöffel herausheben und in einer Schüssel zur Seite stellen. Mit dem restlichen Fleisch auf gleiche Weise verfahren.

Den Kardamom, die Nelken und den Zimt in das heiße Öl geben. In Sekundenschnelle werden die Nelken anschwellen. Die Zwiebeln zugeben und rühren, bis sie eine bräunliche Farbe annehmen. Auf mittlere Hitze verringern. Die Paste aus dem Mixer, den Koriander, den Kreuzkümmel und den Cayennepfeffer zugeben. Alles 3 bis 4 Minuten rühren, bis auch sie leicht gebräunt ist.

Das Fleisch mit dem Saft, der sich in der Schüssel angesammelt hat, 1¼ Teelöffel Salz, die Schlagsahne und 6 Eßlöffel Wasser zufügen. Alles zum Kochen bringen und zugedeckt bei schwacher Hitze etwa 1 Stunde köcheln lassen, bis das Fleisch weich ist. Während dieser Zeit häufig umrühren.

Anschließend mit einem Löffel alles Fett abschöpfen. Das Garam masala darüberstreuen und untermischen. Die nicht zerkochten Gewürze vor dem Servieren entfernen.

Varianten:

▷ *Das Lammfleisch kann durch Schmorfleisch vom Rind (Nacken) ersetzt werden. Rindfleisch muß jedoch etwa 1 Stunde länger als Lamm kochen, um weich zu werden. Statt der 6 Eßlöffel Wasser 200 ml Wasser verwenden.*

▷ *Das Gericht kann auch – wenn die Mischung aus Fleisch, Salz, Sahne und Wasser zum Kochen gebracht wurde – zugedeckt im auf 180° vorgeheiz-*

ten Backofen nach den gleichen Zeitangaben
gekocht werden.

Beilagen:
Duftreis (siehe Rezept) oder indisches Fladenbrot, Blumenkohl mit Kartoffeln (siehe Rezept)
oder ein anderes Gemüsegericht; einfacher Reis
und grüner Salat

Lammkeule in würziger Joghurtsauce
Ran masaledar

für 4 bis 6 Personen
24 Stunden marinieren

2,5 kg Lammkeule
    (siehe Bemerkungen)
6 EL Pflanzenöl◇
½ TL Nelken◇
16 Kardamomkapseln◇
1 Stück Zimt◇ (5 cm)
10 schwarze Pfefferkörner

für die Marinade:
50 g Mandeln
6 grobgehackte Zwiebeln
1 Ingwerwurzel◇ (10 cm)
8 Knoblauchzehen
4 grobgehackte scharfe
    grüne Chilis◇
600 ml Joghurt◇
2 EL gemahlener
    Kreuzkümmel◇
4 TL gemahlene
    Koriandersamen◇
½ TL Cayennepfeffer◇
½ TL Garam masala◇
    (siehe Rezept)
Salz

zum Garnieren:
4 EL Sultaninen
10 g Mandeln

◆ *Das Fleisch von der Keule abschneiden, alles Fett entfernen und soviel wie möglich von der pergamentähnlichen, weißen Haut abziehen. Die Keule in einen Bräter legen.*

Für die Marinade die Mandeln blanchieren und in Scheiben oder Splitter schneiden. Die Mandeln, die Zwiebeln, den geschälten und gehackten Ingwer, den Knoblauch und die Chilis mit 3 Eßlöffel Joghurt im Mixer mahlen, bis eine glatte Paste entsteht.

Den restlichen Joghurt in einer Schüssel mit einer Gabel oder einem Schneebesen leicht schlagen, bis er glatt und cremig ist. Die Paste aus dem Mixer, den Kreuzkümmel, den Koriander, den Cayennepfeffer, das Garam masala und 3 ½ Teelöffel Salz hinzufügen. Alles miteinander vermischen.

Diese Gewürzpaste großzügig in alle Öffnungen der Lammkeule streichen. Die Unterseite der Keule – die flache Seite, die ursprünglich weniger Fett hatte – ebenfalls mit der Paste bestreichen. Mit einem schmalen, scharfen und spitzen Messer tiefe Einschnitte in das Fleisch machen und mit den Fingern etwas Paste hineindrücken. Die Keule umdrehen, so daß die Außenseite oben liegt, und diese ebenfalls großzügig mit der Paste einstreichen. Erneut tiefe Einschnitte mit dem Messer machen und Paste hineindrücken. Die restliche Paste über und um das Fleisch gießen. Eine Folie darüberlegen und die Keule 24 Stunden im Kühlschrank marinieren.

Am nächsten Tag den Bräter mit dem Fleisch aus dem Kühlschrank nehmen und einige Zeit stehenlassen, bis das Fleisch Zimmertemperatur angenommen hat.

Die Folie entfernen. In einer kleinen Pfanne das Öl bei mittlerer Wärme erhitzen. Die Nelken, den Kardamon, den Zimt und die Pfefferkörner hineingeben. In Sekundenschnelle werden die Nelken anschwellen. Das heiße Öl mit den Gewürzen über die Lammkeule gießen.

Den Bräter mit einem Deckel oder einem größeren Stück Folie dicht verschließen. Das Fleisch in den auf 200° vorgeheizten Backofen schieben und zugedeckt 90 Minuten schmoren lassen, dann ohne Deckel weitere 45 Minuten. Während dieser Zeit die Keule drei- bis viermal mit der eigenen Sauce übergießen.

Die Sultaninen und die blanchierten Mandeln über die Keule streuen oder die Keule damit dekorieren. Alles erneut 5 bis 6 Minuten schmoren lassen. Den Bräter aus dem Ofen nehmen und 15 Minuten an einem warmen Platz ruhenlassen.

Die Keule aus dem Bräter nehmen und auf einer vorgewärmten Platte zur Seite stellen. Mit einem Löffel alles Fett abschöpfen und mit einem Schaumlöffel alle ganzen Gewürze aus der Sauce heben. Die Sauce um die Keule herumgießen und servieren.

Bemerkungen:
▷ Von der Lammkeule sollte der Metzger den oberen flachen Knochen entfernen und eine tiefe Tasche für eine Füllung einschneiden. Der unten heraussstehende Beinknochen sollte so nah wie möglich am Fleisch abgeschnitten werden, damit das Fleischstück bequem in den Bräter paßt.
▷ Zum Braten wird ein Bräter mit Deckel benötigt; als Ersatz für einen Deckel kann Aluminiumfolie genommen werden. Am besten eignen sich Jenaer Glas oder rostfreie Stahlbräter, da sie den Geschmack der Sauce nicht beeinträchtigen.

Beilagen:
Süßer gelber Reis (siehe Rezept), grünes Gemüse

Scharf-saures Schweinefleisch à la Goa
Vindalu

Vindalu ist ein Beitrag der Konkani sprechenden Christen an der westindischen Küste zur indischen Küche. Der halb-portugiesische Name besagt, daß das Fleisch mit Wein (oder Essig) und Knoblauch zubereitet wird. Schweinefleisch darf von Hindus und Moslems nicht verzehrt werden.

für 6 Personen

1 kg Schweineschulter
  ohne Knochen
4–5 gehackte Zwiebeln
1 Knoblauchzwiebel
10 EL Pflanzenöl◇
1 Ingwerwurzel◇ (2,5 cm)
1 EL gemahlene
  Koriandersamen◇
½ TL Gelbwurz◇
Salz

für die Vindalu-Paste:
2 TL Kreuzkümmelsamen◇
2–3 scharfe, getrocknete rote
  Chilis◇
1 TL schwarze Pfefferkörner
1 TL Kardamomsamen◇
  (siehe Bemerkungen)
1 Stück Zimt◇ (2 cm)
1 ½ TL schwarze Senfkörner
1 TL Bockshornkleesamen
5 EL Weißwein oder
  Weißweinessig
1 TL brauner Zucker
Salz

♦ *Das Fleisch waschen, trockentupfen und größere Fettstücke entfernen. In Würfel von etwa 2,5 cm Größe schneiden. Die Zwiebeln in Halbringe schneiden, die Knoblauchzehen voneinander trennen.*

Für die Vindalu-Paste den Kreuzkümmel, die Chilis, die Pfefferkörner, die Kardamomsamen, den Zimt, die Senfkörner und die Bockshornkleesamen in einer sauberen Kaffee- oder Gewürzmühle fein mahlen. In eine Schüssel geben und den Weißwein, den braunen Zucker und 1 ½ bis 2 Teelöffel Salz zugeben. Alles vermischen und zur Seite stellen.

In einem schweren Topf das Öl bei mittlerer Wärme erhitzen. Die Zwiebeln hineingeben und rühren, bis sie braun und knusprig sind. Die Zwiebeln mit einem Schaumlöffel herausheben und in einen Mixer geben. Den Herd ausschalten. Die Zwiebeln mit 2 bis 3 Eßlöffel Wasser im Mixer pürieren. Das Zwiebel-Püree in die Schüssel mit den gemahlenen Gewürzen geben.

Den geschälten und gehackten Ingwer, den Knoblauch und 2 bis 3 Eßlöffel Wasser im Mixer mahlen, bis eine glatte Paste entsteht.

Das im Topf verbliebene Öl bei mittlerer Hitze wieder erwärmen. Soviele Fleischwürfel hineingeben, wie die Pfanne in einer Lage locker fassen kann, und von allen Seiten leicht anbräunen. Mit einem Schaumlöffel herausheben und in einer Schüssel zur Seite stellen. Mit dem restlichen Fleisch auf gleiche Weise verfahren.

Die Ingwer-Knoblauch-Paste in denselben Topf geben und auf mittlere Hitze verringern. Die Paste einige Sekunden rühren. Den Koriander und das Gelbwurz hineingeben und erneut einige Sekunden rühren. Das Fleisch mit dem Saft, der sich in der Schüssel angesammelt hat, die Vindalu-Paste und ¼ Liter Wasser hinzufügen. Alles zum Kochen bringen. Zugedeckt etwa 1 Stunde leicht köcheln lassen, bis das Fleisch weich ist. Dabei gelegentlich umrühren.

Bemerkungen:
▷ *Die Kardamomsamen aus den Kapseln nehmen, falls sie nicht lose erhältlich sind.*
▷ *Die Vindalu-Paste kann im voraus hergestellt und eingefroren werden.*

Varianten:
▷ *Das Schweinefleisch durch Lamm- oder Rindfleisch ersetzen.*
▷ *Vindalu ist in der Regel überaus scharf. Je nach Geschmack weniger Chilis hineingeben.*

Beilage:
viel (lockerer) Reis

Schweinesteaks mit Kichererbsen
Chhole wala goscht

für 6 Personen

3 Stunden vorher beginnen

1 kg sehr dünn geschnittene
   Schweinesteaks
250 g getrocknete
   Kichererbsen◇
400 g Kartoffeln
300 g frische Champignons
300 g Tomaten
1 Ingwerwurzel◇ (4 cm)
5 Knoblauchzehen
4 EL Pflanzenöl◇
8 Kardamomkapseln◇
1 Stück Zimt◇ (2,5 cm)
2 Lorbeerblätter
1 TL Kreuzkümmelsamen◇
4 grobgehackte Zwiebeln
1 EL gemahlener
   Kreuzkümmel◇
1 EL gemahlene
   Koriandersamen◇
1 TL Gelbwurz◇
1/2 TL Cayennepfeffer◇
Salz

◆ In einem Topf die Kichererbsen in 1 3/4 Liter Wasser zum Kochen bringen und zugedeckt bei schwacher Hitze 2 Minuten köcheln lassen. Den Herd abschalten und den Topf 1 Stunde ruhen-lassen.

Die Kichererbsen erneut aufkochen und zuge-deckt bei schwacher Hitze 1 1/2 Stunden köcheln lassen.

Die Kartoffeln schälen und in Würfel schnei-den. Das Fleisch waschen. Größere Champignons halbieren oder vierteln. Die Kichererbsen verlesen, waschen und abtropfen lassen. Die Tomaten ent-häuten und zerkleinern.

Den geschälten und gehackten Ingwer und den Knoblauch mit 3 Eßlöffel Wasser im Mixer mah-len, bis eine glatte Paste entsteht.

In einem großen Topf das Öl bei mittlerer Wär-me erhitzen. Das Fleisch hineingeben und von beiden Seiten leicht an-, aber nicht durchbraten. Das Fleisch aus dem Topf nehmen und auf einem Teller zur Seite stellen.

Den Kardamom, den Zimt, die Lorbeerblätter und den Kreuzkümmel in das heiße Öl geben. Sofort auf kleine Hitze verringern und einmal umrühren, dann die Zwiebeln zufügen und unter ständigem Rühren 1 Minute dünsten, dabei den angebackenen Satz losschaben. Die Ingwer-Knob-lauch-Paste hinzufügen und einmal umrühren. Den Kreuzkümmel, den Koriander und das Gelb-wurz zugeben. Erneut 1 Minute rühren. Die Toma-ten, die Kartoffeln, das Fleisch mit dem Saft, der sich auf dem Teller angesammelt hat, 1 Eßlöffel Salz und die Kichererbsen mit der Einweichflüssig-keit in den Topf geben. Alles unter Umrühren zum Kochen bringen und anschließend zugedeckt bei schwacher Hitze 45 Minuten köcheln lassen.

Die Pilze und den Cayennepfeffer zugeben und alles zugedeckt weitere 15 Minuten köcheln lassen. Die nicht zerkochten Gewürze vor dem Servieren entfernen.

Bemerkungen:
▷ *Das Fleisch kann am Vortag zubereitet und wieder aufgewärmt werden.*
▷ *Die Kichererbsen können auch über Nacht in reichlich kaltem Wasser eingeweicht werden. Dies spart Energie.*

Varianten:
▷ *Normalerweise wird in Indien dieser Schmortopf aus Schulterfleisch zubereitet.*
▷ *Die Schweinesteaks durch Schweinekoteletts ersetzen.*

Beilagen:
Gemüse oder Salat, Baguettes

Geflügel

Murg

Die indische Kochkunst kennt zahlreiche Arten, Huhn zuzubereiten: etwa das einfach angerichtete Würzige Brathuhn, das Tanduri-Huhn in Buttersauce oder das eindrucksvolle Ganze Huhn, in Alufolie gebacken. Wer auf Kalorien achtet, kann sich ein Tanduri-Huhn ohne Fett schmecken lassen, und wer mit etwas Besonderem aufwarten möchte, mag Mughlai-Huhn mit Mandeln und Rosinen servieren.

In der indischen Küche wird vor der Zubereitung des Huhns fast immer die Haut abgezogen. Das Aroma der Gewürze dringt auf diese Weise viel besser in das Fleisch ein, und das Gericht wird weniger fett.

Für die meisten Gerichte wird das Huhn in recht kleine Stücke geschnitten. Die Beine zum Beispiel werden zwei- bis dreimal, die Bruststücke vier- bis sechsmal geteilt, ähnlich die Flügel und der Rücken.

Nach Möglichkeit sollten frische Hühner und keine aus der Tiefkühltruhe gekauft werden: Die angegebenen Garzeiten können sich sonst verändern.

In diesem Kapitel finden sich auch einige Eierrezepte: zum Beispiel Würziges Rührei mit frischem grünen Koriander und Tomaten, oder Gemüseomelett, mit Kreuzkümmel und grünen Chilis gewürzt. In Indien versteht man sich auch darauf, hartgekochte Eier zu köstlichen Hauptgerichten zuzubereiten – in dicken Sahne- oder in sauren Essigsaucen.

Huhn mit roten Linsen auf Bombay-Art
Murgi aur masur dal

für 6 bis 7 Personen

knapp 1,5 kg Hühnerstücke
250 g rote Linsen◊
¹/₂–1 scharfer grüner Chili◊
1 gehackte Zwiebel
2 TL gemahlener
    Kreuzkümmel◊
¹/₂ TL Gelbwurz◊
1 TL feingehackter Ingwer◊
2 EL Pflanzenöl◊
1 TL Kreuzkümmelsamen◊
2–4 feingehackte
    Knoblauchzehen
¹/₄–³/₄ TL Cayennepfeffer◊
2 EL Zitronensaft
¹/₂ TL Zucker
¹/₄ TL Garam masala◊
    (siehe Rezept)
Salz

zum Garnieren:
3 EL gehackter frischer
    Koriander◊

◆ *Die Hühnerstücke waschen und enthäuten. Die Linsen verlesen, waschen und abtropfen lassen. Den Chili in feine Scheiben schneiden.*

In einem großen, schweren Topf die Linsen, die Zwiebel, den Chili, den gemahlenen Kreuzkümmel, das Gelbwurz, die Hälfte des Ingwers und 1,5 Liter Wasser zum Kochen bringen. Alles bei leicht geöffnetem Deckel und schwacher Hitze 45 Minuten köcheln lassen.

Die Hühnerstücke und 2 ¹/₄ Teelöffel Salz beigeben, durchmischen und alles erneut zum Kochen bringen. Zugedeckt bei schwacher Hitze 25 bis 30 Minuten leicht weiterköcheln lassen, bis das Hühnerfleisch weich ist.

In einer kleinen Pfanne das Öl bei mittlerer Wärme erhitzen und die Kreuzkümmelsamen hineingeben. In Sekundenschnelle werden die Samen zu knistern beginnen. Dann den restlichen Ingwer und den Knoblauch zufügen. Alles unter Rühren anbraten, bis der Knoblauch leicht braun wird. Den Cayennepfeffer zufügen und die Pfanne sofort von der Platte nehmen. Das Öl mit allen Gewürzen in den Topf mit dem Hühnerfleisch und den Linsen geben. Anschließend den Zitronensaft, den Zucker und das Garam masala hinzugeben. Alles gut durchrühren und bei mäßiger Hitze etwa 5 Minuten weiterköcheln lassen. Den frischen Koriander kurz vor dem Servieren darüberstreuen.

Variante:
Auch Gemüse kann – zur gleichen Zeit wie der Zitronensaft – beigegeben werden: zum Beispiel Erbsen oder grüne Bohnen.

Beilage:
Reis oder dunkles, knuspriges Brot

Ein Tandur ist ein konischer, faßförmiger Ton- **Tandur**
ofen, der mit Holzkohle oder Holz beheizt wird
und einem Pizza- oder Holzbackofen ähnelt.
Die Hitze im Innern erreicht eine solche Inten-
sität, daß ein kleines Huhn am Spieß in zehn
Minuten gar wird. Die große Hitze schließt das
Fleisch außen sofort ab, so daß das Huhn saftig
bleibt, während der vorausgegangene Prozeß
des Marinierens Zartheit und guten Geschmack
des Huhns sicherstellt. Das Ergebnis ist immer
wieder verblüffend.

Um diese Wirkung auch ohne einen Tandur
annähernd zu erzielen, wird ein gewöhnlicher
Backofen auf seine maximale Temperatur vor-
geheizt. Auch wenn statt eines ganzen Huhns
Stücke von Portionsgröße genommen werden,
beträgt die Bratzeit mehr als zehn Minuten, da
Backöfen nicht die Hitze eines Tandurs erreichen können. Immerhin sind Bruststücke in
15 bis 20 Minuten, Schenkel in 20 bis 25 Minuten gar.

Tanduri-Huhn
Tanduri murgi

für 4 bis 6 Personen

am Vortag beginnen

1,25 kg Hühnerstücke
  (Keule, Brust oder beides)
1 kleine Zwiebel
1 Ingwerwurzel◇ (2 cm)
½ scharfer grüner Chili◇
1 saftige Limone
knapp ½ l Joghurt◇
1 Knoblauchzehe
2 TL Garam masala◇
  (siehe Rezept)
3 EL gelbe Speisefarbe
½-1 ½ EL rote Speisefarbe
Limonenschnitze
Salz

◆ *Die Hühnerstücke waschen und enthäuten. Die Zwiebel und den geschälten Ingwer vierteln, den Chili in Stücke schneiden. Jede Keule in zwei und jede Brusthälfte in vier Teile schneiden. In jede Seite zwei lange Einschnitte machen, die nicht an den Enden beginnen, aber bis auf den Knochen reichen sollten.*

Die Hühnerstücke auf eine oder zwei großen Platten verteilen. ½ Teelöffel Salz darüberstreuen und drei Viertel der Limone darüber ausdrücken. Salz und Saft leicht in die Einschnitte einreiben. Die Fleischstücke umdrehen und mit ½ Teelöffel Salz und dem restlichen Zitronensaft auf der anderen Seite auf gleiche Weise verfahren. Alles 20 Minuten zur Seite stellen.

Anschließend den Joghurt, die Zwiebel, den Knoblauch, den Ingwer, den Chili und das Garam masala im Mixer mahlen, bis eine glatte Paste entsteht. Die Paste durch ein Sieb in eine große Schüssel aus Glas oder Keramik drücken.

Die Speisefarben miteinander vermischen. Die Fleischstücke auf beiden Seiten mit der Mischung einpinseln und mit dem Saft, der sich auf der Platte angesammelt hat und dem Rest der Speisefarbe in die Gewürzpaste geben. Alles gut vermischen und darauf achten, daß die Paste in alle Einschnitte gelangt. Die Schüssel zudecken und 6 bis 24 Stunden in den Kühlschrank stellen – je länger, desto besser.

Am nächsten Tag die marinierten Fleischstücke aus der Schüssel nehmen und soviel Marinade wie möglich abtropfen lassen. Die Stücke in einer einzigen Lage auf einem tiefen Backblech oder in der Auffangschale verteilen und im auf maximale Temperatur vorgeheizten Ofen 20 bis 25 Minuten braten. Mit der Gabel prüfen, ob das Fleisch gar ist. Heiß servieren und dazu Limonenschnitze reichen.

Bemerkung:
Die übriggebliebene Marinade kann eingefroren und ein zweites Mal verwendet werden.

Varianten:
▷ *Die Limone und die Limonenschnitze durch Zitrone ersetzen.*
▷ *Auf die Speisefarben, die dem Gericht zu seiner traditionellen rot-orangen Farbe verhelfen, kann verzichtet werden. Wer allergisch gegen sie ist, kann mit Farben auf Pflanzenbasis experimentieren.*

Beilagen:
Reis oder Hefebrot (siehe Rezept), grüne Bohnen oder Blumenkohl

Variante:

◆ *Den Ingwer schälen und zu einem feinen Brei verreiben, den Chili zerhacken. Die pürierten Tomaten in einen durchsichtigen Meßbecher geben und langsam unter Rühren so viel Wasser zufügen, daß ¼ Liter Tomatensauce entsteht. Alle übrigen Zutaten außer der Butter hinzufügen und gut durchmischen. Diese Mischung kann bis zu 24 Stunden im Kühlschrank aufbewahrt werden.*

Erst wenn die Hühnerstücke fast fertig gebraten sind, in einer großen Schmor- oder Bratpfanne die Butter schmelzen lassen und die Mischung hineingeben. Zum Sieden bringen und alles 1 Minute bei mittlerer Hitze kochen, dabei die Butter unterziehen.

Die fertigen Hühnerstücke, nicht aber den beim Braten ausgetretenen Saft hineingeben. Einmal umrühren, die Fleischstücke auf einer vorgewärmten Servierplatte anrichten und die Sauce mit einem Löffel darübergeben.

Variante:
Die 4 Eßlöffel pürierte Tomaten durch 3 Eßlöffel Tomatenmark ersetzen.

Tanduri-Huhn in Buttersauce
Makkhani murgi

für 4 bis 6 Personen

1 Ingwerwurzel◇ (2,5 cm)
1 scharfer grüner Chili◇
4 EL pürierte Tomaten
¼ l Schlagsahne
1 TL Garam masala◇ (siehe Rezept)
¼ TL Zucker
¼ TL Cayennepfeffer◇
1 EL feingehackter frischer Koriander◇
4 TL Zitronensaft
1 TL gerösteter und gemahlener Kreuzkümmel◇
100 g ungesalzene Butter
Salz

Würziges Brathuhn
Masaledar murgi

für 6 Personen

3 Stunden marinieren

1,5 kg Hühnerstücke
3 EL Pflanzenöl◇

für die Marinade:
1 EL gemahlener
   Kreuzkümmel◇
1 EL Paprika
1 ½ TL Cayennepfeffer◇
1 TL Gelbwurz◇
1-1 ½ TL schwarzer Pfeffer
2-3 Knoblauchzehen
6 EL Zitronensaft
Salz

◆ *Die Hühnerstücke waschen und enthäuten.*

Für die Marinade den Kreuzkümmel, den Paprika, den Cayennepfeffer, das Gelbwurz, den schwarzen Pfeffer, 2 ½ bis 3 Teelöffel Salz, den zerdrückten Knoblauch und den Zitronensaft in eine Schüssel geben und gut vermischen. Die Hühnerstücke mit dieser Marinade einreiben. Dabei die Mischung in alle Falten und Öffnungen einreiben, ebenso um die Unterschenkelknochen.

Die Hühnerstücke in einen flachen Bräter oder in eine andere feuerfeste Form mit der Fleischseite nach unten legen und 3 Stunden an einen kühlen Platz stellen. Längeres Marinieren schadet nicht: Dann aber die Form mit Frischhaltefolie zudecken, damit das Fleisch nicht austrocknet.

Vor dem Braten die Oberfläche der Hühnerstücke mit dem Öl einpinseln. Das Fleisch anschließend in den auf 200° vorgeheizten Ofen geben und 20 Minuten braten. Die Stücke umdrehen und weitere 25 Minuten braten, bis das Fleisch weich ist. Während des Bratens die Hühnerstücke drei- oder viermal mit dem Bratensaft übergießen. Die Hühnerstücke auf einer vorgewärmten Platte anordnen. Wenn sich in der Bratform viel Flüssigkeit angesammelt hat, mit einem Löffel das überschüssige Fett abschöpfen und die restliche Flüssigkeit in einem kleinen Topf rasch zu einer Sauce einkochen lassen. Die Sauce über das Fleisch geben und sofort servieren.

Variante:
Paprika und Cayennepfeffer können – bei einer Gesamtmenge von 1 ½ Eßlöffel – in jedem gewünschten Verhältnis kombiniert werden.

Beilagen:
Reis mit Erbsen (siehe Rezept) und Rote Linsen mit Kreuzkümmel (siehe Rezept)

◆ *Die Hühnerstücke waschen und enthäuten. Den Ingwer schälen und grob hacken, den Zimt in zwei bis drei Stücke brechen. Wenn der rote Chili milder schmecken soll, die Samen entfernen. Den Koriander, den Kreuzkümmel, die Senfkörner, den Zimt, die Nelken, die Pfefferkörner, den Muskat und den roten Chili in eine kleine Pfanne geben. Alles bei mittlerer Hitze ohne Fett ganz kurz anrösten. Dabei die Gewürze häufig umrühren, bis sie ihr angenehmes Röstaroma entwickeln. Anschließend in einer sauberen Kaffee- oder Gewürzmühle fein mahlen und in einer kleinen Schüssel zur Seite stellen.*

Die Kokosflocken in dieselbe Pfanne geben und auch sie bei mittlerer Hitze ohne Fett unter ständigem Umrühren rösten. Die Flocken sollten braune Flecken aufweisen und auch »geröstet« riechen. Die Flocken in die Schüssel zu den gerösteten Gewürzen geben.

Den Knoblauch, den Ingwer und den grünen Chili mit 4 Eßlöffel Wasser im Mixer mahlen, bis eine glatte Paste entsteht.

In einer Pfanne von etwa 25 bis 30 cm Durchmesser das Öl bei mittlerer Wärme erhitzen. Die gehackten Zwiebeln in das heiße Öl geben und umrühren, bis sie braune Flecken aufweisen. Die Paste aus dem Mixer hineingeben und einige Male umrühren. Auf mittlere Hitze bringen. Die Fleischstücke, 1 1/2 Teelöffel Salz und die Gewürz-Kokos-Mischung hineingeben. Unter ständigem Rühren die Fleischstücke 3 bis 4 Minuten anbraten, bis sie ihre rosa Farbe verlieren und leicht braun werden. 1/4 Liter Wasser hinzugießen und alles zum Sieden bringen. Die Pfanne mit einem Deckel fest verschließen und bei schwacher Hitze 25 bis 30 Minuten köcheln lassen, bis das Fleisch weich ist. Dabei einige Male umrühren und darauf achten, daß jedes Fleischstück gewendet wird und gleichmäßig Farbe annimmt.

Huhn à la Goa mit gerösteter Kokosnuß
Shakuthi

für 4 bis 5 Personen

1 kg Hühnerstücke
1 Ingwerwurzel◇ (2,5 cm)
1 Stück Zimt◇ (2,5 cm)
1 scharfer, getrockneter roter Chili◇
1 1/2 EL Koriandersamen◇
1 1/2 TL Kreuzkümmelsamen◇
1 TL schwarze Senfkörner◇
4 Nelken◇
1/4 TL schwarze Pfefferkörner
etwa 1/6 Muskatnuß◇
425 ml frische Kokosflocken◇
6-8 Knoblauchzehen
1/2-1 scharfer grüner Chili◇
4 EL Pflanzenöl◇
4 Zwiebeln
Salz

Huhn in Zwiebelsauce
Murgi rassedar

für 4 bis 6 Personen

etwa 1,25 kg Hühnerstücke
1 Ingwerwurzel◇ (4 cm)
250 g Tomaten
350 g Zwiebeln
6 Knoblauchzehen
7 EL Pflanzenöl◇
1 EL gemahlene
   Koriandersamen◇
1 EL gemahlener
   Kreuzkümmel◇
1/4–1/2 TL Cayennepfeffer◇
1/2 TL Gelbwurz◇
4 EL Joghurt◇
1/2 TL Garam masala◇
   (siehe Rezept)
1 EL feingehackter frischer
   Koriander◇
Salz

◆ Den Ingwer schälen und grob hacken, die Tomaten enthäuten und fein hacken. Die Hühnerstücke in Portionen teilen, die Brust je nach Größe in vier bis sechs, die Schenkel in zwei Stücke. Die Haut abziehen. Die eine Hälfte der Zwiebeln grob hacken, die andere Hälfte der Länge nach halbieren und sie quer in sehr dünne Halbringe zerschneiden.

Die gehackten Zwiebeln, den Ingwer und den Knoblauch im Mixer mahlen, bis eine Paste entsteht.

In einem großen Topf oder einer großen, tiefen Pfanne das Öl bei mittlerer Wärme erhitzen. Die Zwiebelringe in das heiße Öl geben und rühren, bis sie eine tief rötlich-braune Farbe annehmen. Die Zwiebeln mit einem Schaumlöffel herausheben und ausdrücken, damit möglichst viel Öl zurückbleibt. Die Zwiebeln auf einem Teller zur Seite stellen.

Den Topf oder die Pfanne vom Herd nehmen und die Paste aus dem Mixer vorsichtig hineingeben, damit es nicht spritzt. Den Topf wieder auf die Platte zurückstellen. Die Paste 3 bis 4 Minuten rühren, bis sie braun ist. Den gemahlenen Koriander, den Kreuzkümmel, den Cayennepfeffer und das Gelbwurz hinzufügen und einmal umrühren. 1 Eßlöffel Joghurt zugeben und 1/2 Minute verrühren, bis er sich mit der Sauce verbunden hat. Mit dem restlichen Joghurt auf gleiche Weise verfahren. Die Hühnerstücke zugeben und 1 Minute umrühren.

Reichlich 1/2 Liter Wasser zugießen und die Tomaten und 2 Teelöffel Salz zugeben. Alles verrühren und zum Sieden bringen. Zugedeckt bei schwacher Hitze 20 Minuten köcheln lassen. Das Garam masala und die gebratenen Zwiebeln darübergeben und alles miteinander vermischen. Ohne Deckel bei mittlerer Hitze weitere 7 bis 8 Minuten kochen, bis die Sauce eindickt.

Das Fett abschöpfen und das Huhn in einer vorgewärmten Schüssel servieren. Den gehackten Koriander darüberstreuen.

Varianten:

▷ *Die frischen Tomaten durch Dosenfrüchte ersetzen.*

▷ *Statt des frischen Korianders frische Petersilie verwenden.*

Beilagen:
Duftreis (siehe Rezept) und Möhren- und Zwiebelsalat (siehe Rezept)

◆ *Die Hühnerstücke waschen und enthäuten. Den Ingwer schälen, grob hacken und mit 4 Eßlöffel Wasser im Mixer mahlen, bis eine Paste entsteht.*

In einem schweren Topf das Öl bei mittlerer Wärme erhitzen. Soviele Fleischwürfel hineingeben, wie der Topf in einer Lage locker fassen kann, und auf beiden Seiten bräunen. Das Fleisch mit einem Schaumlöffel herausheben und in eine Schüssel geben. Mit den restlichen Fleischstücken auf gleiche Weise verfahren.

Den Knoblauch in das heiße Öl geben. Sobald er eine mittelbraune Farbe annimmt, auf mittlere Hitze verringern und die Ingwerpaste hineingießen. 1 Minute umrühren. Den frischen Koriander, den Chili, den Cayennepfeffer, den Kreuzkümmel, den gemahlenen Koriander, das Gelbwurz und 1 Teelöffel Salz hinzufügen. Erneut 1 Minute rühren. Alle Fleischstücke mit dem Saft, der sich in der Schüssel angesammelt hat, zufügen, außerdem 150 ml Wasser und den Zitronensaft. Alles unter Umrühren zum Kochen bringen. Gut zudecken und bei schwacher Hitze 15 Minuten kochen.

Die Fleischstücke wenden und zugedeckt weitere 10 bis 15 Minuten kochen, bis das Fleisch weich ist. Sollte die Sauce noch zu dünnflüssig sein, den Deckel abnehmen und etwas von der Sauce bei größerer Hitze verkochen lassen.

Beilage:
Würziger Duftreis (siehe Rezept)

Huhn mit Zitrone und Koriander
Hare masale wali murgi

für 6 Personen

1,25 kg Hühnerstücke
1 Ingwerwurzel◊ (5 cm)
6 EL Pflanzenöl◊
5 feingehackte
*   Knoblauchzehen*
200 g frischer Koriander◊
*   (ohne Wurzeln und Stiele)*
1/2–1 feingehackter scharfer
*   grüner Chili◊*
1/4 TL Cayennepfeffer◊
2 TL gemahlener
*   Kreuzkümmel◊*
1 TL gemahlene
*   Koriandersamen◊*
1/2 TL Gelbwurz◊
2 EL Zitronensaft
Salz

Huhn in Sahne
Malai wali murgi

für 6 Personen

1 Stunde marinieren

1,25 kg Hühnerstücke
1 Ingwerwurzel◇ (2,5 cm)
3 Tomaten
2 TL gemahlener
    Kreuzkümmel◇
1 ½ TL gemahlene
    Koriandersamen◇
½ TL Gelbwurz◇
½ TL Cayennepfeffer◇
6–7 feingehackte
    Knoblauchzehen
6 EL Pflanzenöl◇
3 gehackte Zwiebeln
4 EL Joghurt◇
1 TL Garam masala◇
    (siehe Rezept)
6 EL Schlagsahne
schwarzer Pfeffer
Salz

◆ *Die Hühnerstücke waschen und enthäuten. Den Ingwer schälen und grob hacken, die Tomaten enthäuten und zerkleinern. ½ Teelöffel Salz, 1 Teelöffel Kreuzkümmel, ½ Teelöffel Koriander, ¼ Teelöffel Gelbwurz, ¼ Teelöffel Cayennepfeffer und etwas schwarzen Pfeffer über die Hühnerstücke streuen und gut in das Fleisch einreiben. Mindestens 1 Stunde zur Seite stellen.*

Den Ingwer und den Knoblauch mit 125 ml Wasser im Mixer mahlen, bis eine glatte Paste entsteht.

In einem Topf das Öl bei mittlerer Wärme erhitzen. Soviele Hühnerstücke hineingeben, wie der Topf in einer Lage locker fassen kann, und auf beiden Seiten leicht anbräunen. Die Fleischstücke mit einem Schaumlöffel herausheben und in einer Schüssel zur Seite stellen. Mit den restlichen Fleischstücken auf gleiche Weise verfahren.

Die Zwiebeln in das restliche Öl geben und unter ständigem Rühren dünsten, bis sie eine mittelbraune Farbe annehmen. Die Ingwer-Knoblauch-Paste zufügen und rühren, bis das Wasser aus der Mischung verdampft ist und das Öl wieder sichtbar wird. Den restlichen Kreuzkümmel, Koriander, Cayennepfeffer und das restliche Gelbwurz zugeben und 20 Sekunden weiterrühren. Sofort die zerkleinerten Tomaten zufügen und auf mittlere Hitze verringern. Unter weiterem Rühren die Mischung 3 bis 4 Minuten dünsten und dabei die Tomatenstücke mit einem Schaumlöffel zerdrücken. 1 Eßlöffel Joghurt zugeben und verrühren, bis er sich mit der Sauce verbunden hat. Mit dem restlichen Joghurt auf gleiche Weise verfahren.

Die Fleischstücke mit dem Saft, der sich in der Schüssel angesammelt hat, wieder in den Topf geben. ⅓ Liter Wasser und 1 Teelöffel Salz zufügen. Alles aufkochen lassen und zugedeckt bei schwacher Hitze 20 Minuten köcheln lassen.

Anschließend den Deckel abnehmen und das Garam masala und die Sahne zufügen. Beides vorsichtig unterrühren. Auf mittlere Hitze bringen und

unter gelegentlichem Umrühren kochen, bis die
Sauce eindickt.

Beilagen:
*Reis und Sauer angemachte Auberginen (siehe
Rezept)*

◆ *Die Hühnerstücke waschen und enthäuten.
Den Ingwer schälen und fein hacken, die Tomaten
enthäuten und zerkleinern.*
*In einem großen Topf das Öl bei mittlerer Wär-
me erhitzen. Den Kreuzkümmel, den Zimt, den
Kardamom, die Lorbeerblätter und die Pfefferkörner hineingeben und einmal umrühren. Die Zwiebeln, den Knoblauch und den Ingwer zufügen. Die
Mischung rühren, bis die Zwiebeln braune Flecken
aufweisen.*
*Die Tomaten, das Hühnerfleisch, 1 1/2 Teelöffel
Salz und den Cayennepfeffer zugeben. Umrühren
und alles zum Kochen bringen, anschließend 25
Minuten zugedeckt bei schwacher Hitze köcheln
lassen, bis das Fleisch weich ist. Dabei gelegentlich
umrühren.*
*Den Deckel abnehmen und alles auf mittlere
Hitze bringen. Das Garam masala hineinstreuen
und erneut etwa 5 Minuten kochen. Dabei immer
wieder vorsichtig umrühren, damit die Flüssigkeit
eindickt. Die nicht zerkochten Gewürze vor dem
Servieren entfernen.*

Huhn mit Tomaten und Garam masala
Tamatar murgi

für 6 Personen

1,25 kg Hühnerstücke
1 Ingwerwurzel◇ (2,5 cm)
7–8 Tomaten
5 EL Pflanzenöl◇
3/4 EL Kreuzkümmelsamen◇
1 Stück Zimt◇ (1,5 cm)
6 Kardamomkapseln◇
2 Lorbeerblätter
1/4 TL schwarze Pfefferkörner
4 feingehackte Zwiebeln
*6–7 feingehackte
    Knoblauchzehen*
1/8–1/2 TL Cayennepfeffer◇
*1/2 TL Garam masala◇
    (siehe Rezept)*
Salz

Variante:
*Die frischen Tomaten durch Dosenfrüchte erset-
zen.*

Beilagen:
*Langkornreis (siehe Rezept) und Linsen mit Knob-
lauch und Zwiebeln (siehe Rezept)*

Mughlai-Huhn mit Mandeln und Rosinen
Shahdjahani murgi

für 6 Personen

1,25 kg Hühnerstücke
6 EL Mandeln
1 Ingwerwurzel◇ (2,5 cm)
8–9 Knoblauchzehen
7 EL Pflanzenöl◇
10 Kardamomkapseln◇
1 Stück Zimt◇ (2,5 cm)
2 Lorbeerblätter
5 Nelken◇
5 feingehackte Zwiebeln
2 TL gemahlener
    Kreuzkümmel◇
1/8–1/2 TL Cayennepfeffer◇
7 EL Joghurt◇
1/4 l Schlagsahne
1–2 EL Sultaninen
1/4 TL Garam masala◇
    (siehe Rezept)
Salz

◆ Die Hühnerstücke waschen und enthäuten. Die Mandeln blanchieren, zwei Drittel der Menge hacken und ein Drittel zu Splittern spalten. Den Ingwer, den Knoblauch und die gehackten Mandeln mit 4 Eßlöffel Wasser im Mixer mahlen, bis eine Paste entsteht.

In einem großen Topf oder einer tiefen Pfanne das Öl bei mittlerer Wärme erhitzen. Soviele Fleischstücke in das heiße Öl geben, wie der Topf in einer Lage locker fassen kann, und von beiden Seiten goldbraun anbraten. Das Fleisch mit einem Schaumlöffel herausheben und in einer Schüssel zur Seite stellen. Mit den restlichen Fleischstücken auf gleiche Weise verfahren.

Den Kardamom, den Zimt, die Lorbeerblätter und die Nelken in das heiße Öl geben und einige Sekunden umrühren. Die Zwiebeln hinzufügen und unter ständigem Rühren 3 bis 4 Minuten andünsten, bis sie eine leicht bräunliche Farbe annehmen. Die Paste aus dem Mixer, den Kreuzkümmel und den Cayennepfeffer dazugeben. 2 bis 3 Minuten weiterrühren, bis sich das Öl von der Mischung absondert und die Gewürze leicht gebräunt sind. 1 Eßlöffel Joghurt zugeben und 1/2 Minute verrühren, bis er sich mit der Sauce verbunden hat. Mit dem restlichen Joghurt auf gleiche Weise verfahren.

Die Fleischstücke mit dem Saft, der sich in der Schüssel angesammelt hat, der Sahne und 1 1/2 Teelöffel Salz in den Topf geben und alles zum Sieden bringen. Anschließend zugedeckt bei schwacher Hitze 20 Minuten leicht kochen. Die Sultaninen hinzufügen und die Fleischstücke wenden. Das Gericht zugedeckt weitere 10 Minuten kochen, bis das Fleisch weich ist. Das Garam masala hinzugeben und unterrühren.

Die Mandelsplitter auf ein Backblech geben und im Ofen leicht bräunen, dabei ständig wenden.

Vor dem Servieren mit einem Löffel das überschüssige Fett abschöpfen und die gebräunten Mandeln über das Fleisch streuen.

Beilagen:
Würziger Duftreis (siehe Rezept), Blumenkohl mit
Kartoffeln (siehe Rezept) und Joghurt mit Walnüs-
sen und Koriander (siehe Rezept)

◆ *Die Hühnerschenkel zerteilen, die Bruststücke*
in vier Teile schneiden. Die Fleischstücke waschen
und enthäuten. Den Ingwer schälen und grob
hacken, die Mandeln blanchieren und zu Splittern
spalten. Die Paprikaschoten waschen, entkernen
und fein hacken. Die Zwiebeln, den Ingwer, den
Knoblauch, die Mandelsplitter, die Paprikascho-
ten, den Kreuzkümmel, den Koriander, das Gelb-
wurz, den Cayennepfeffer und 2 Teelöffel Salz im
Mixer mahlen, bis eine Paste entsteht. Wenn nötig,
die Gewürze mit einem Gummispatel nach unten
schieben.
In einer großen Pfanne das Öl bei mittlerer
Wärme erhitzen. Die Gewürzpaste hineingeben
und unter ständigem Umrühren 10 bis 12 Minuten
dünsten, bis das Öl in der Pfanne winzige Bläschen
wirft.
Die Fleischstücke, ¼ Liter Wasser, den Zitro-
nensaft und den schwarzen Pfeffer hinzufügen.
Alles miteinander vermischen und aufkochen.
Zugedeckt bei schwacher Hitze 25 Minuten leicht
köcheln lassen, bis das Fleisch weich ist. Gelegent-
lich umrühren.

Beilagen:
Aromatischer gelber Reis (siehe Rezept) und
Joghurt mit Auberginen (siehe Rezept)

Huhn in süßer Pfeffersauce
Lal masale wali murgi

für 4 Personen

1 kg Hühnerstücke
(Schenkel oder Brust)
1 Ingwerwurzel◇ (2,5 cm)
25 g Mandeln
350 g rote Paprikaschoten
3 grobgehackte Zwiebeln
3 Knoblauchzehen
1 EL gemahlener
Kreuzkümmel◇
2 TL gemahlene
Koriandersamen◇
½ TL Gelbwurz◇
⅛–½ TL Cayennepfeffer◇
7 EL Pflanzenöl◇
2 EL Zitronensaft
½ TL grob gemahlener
schwarzer Pfeffer
Salz

Ganzes Huhn, in Alufolie gebacken
Murg musallam

für 4 bis 6 Personen

2 Stunden marinieren

1 ganzes Huhn (etwa 1,5 kg)
6 grobgehackte Zwiebeln
4 Knoblauchzehen
1 Ingwerwurzel◇ (4 cm)
25 g Mandeln
2 TL gemahlener
   Kreuzkümmel◇
2 TL gemahlene
   Koriandersamen◇
1/2 TL Gelbwurz◇
1 EL Paprika
1/4 TL Cayennepfeffer◇
8 EL Pflanzenöl◇
2 EL Zitronensaft
1/2 TL grob gemahlener
   schwarzer Pfeffer
1/2 TL Garam masala◇
   (siehe Rezept)
Salz

für die Marinade:
1 Ingwerwurzel◇ (2,5 cm)
2 große Knoblauchzehen
6 EL Joghurt◇
1/2 TL Gelbwurz◇
1/4–1/2 TL Cayennepfeffer◇
schwarzer Pfeffer
Salz

◆ *Für die Marinade den geschälten und grobgehackten Ingwer und den Knoblauch mit 3 Eßlöffel Joghurt im Mixer mahlen, bis eine Paste entsteht. Wenn nötig, die Gewürze mit einem Gummispatel nach unten schieben. Das Gelbwurz, 1 1/4 Teelöffel Salz, den Cayennepfeffer und schwarzen Pfeffer hinzufügen und 1 Sekunde durchmischen. Die Marinade in eine Schüssel gießen, die restlichen 3 Eßlöffel Joghurt hineingeben und mit einer Gabel untermischen.*

Das Huhn waschen, ausnehmen und vollständig enthäuten, mit Ausnahme der Flügelspitzen. Den Hals abschneiden und ebenfalls enthäuten. Das Huhn mit der Brust nach oben auf eine Platte legen, die Innereien und den Hals daneben. Das Huhn von innen und außen mit der Marinade einreiben, ebenso die Innereien und den Hals. Alles 2 Stunden zur Seite, aber nicht in den Kühlschrank stellen.

Währenddessen die Zwiebeln, den Knoblauch, den geschälten, grobgehackten Ingwer und die Mandeln im nicht eigens gesäuberten Mixer mahlen, bis eine Paste entsteht. Auch hier, wenn nötig, die Gewürze mit einem Gummispatel nach unten schieben. Den Kreuzkümmel, den Koriander, das Gelbwurz, den Paprika, den Cayennepfeffer und 1 1/2 Teelöffel Salz hinzufügen und noch einmal durchmischen.

In einer großen Pfanne das Öl bei mittlerer Wärme erhitzen. Die Paste aus dem Mixer in das heiße Öl geben und unter Umrühren 8 bis 9 Minuten dünsten. Den Zitronensaft, den schwarzen Pfeffer und das Garam masala hinzufügen. Durchmischen, den Herd ausschalten und die Gewürzpaste abkühlen lassen.

Hat das Huhn 2 Stunden in der Marinade gelegen, ein genügend großes Stück Aluminiumfolie ausbreiten, um das Huhn vollständig einzuhüllen. Das Huhn mit der Brust nach oben in die Mitte der Folie legen, die Innereien und den Hals daneben. Alles von innen und außen mit der Gewürzpaste einreiben. Die Enden der Folie in der Mitte zusam-

menfalten, so daß ein festes Paket entsteht und alle Nahtstellen 5 cm oberhalb des Bodens liegen. Das Huhn mit der Brust nach oben in eine Auffangschale legen und im auf 180° vorgeheizten Ofen etwa 1 $\frac{1}{2}$ Stunden backen, bis es gar ist.

Beilagen:
Reisgericht mit Pilzen (siehe Rezept), Spinat mit Zwiebeln (siehe Rezept) und Joghurt mit Gurken und Minze (siehe Rezept)

Gemüseomelett
Parsi omelett

für 4 bis 6 Personen

9 große Eier
2-3 kleine Kartoffeln
200 g Tomaten
500 g Zucchini
5 EL Pflanzenöl◇
3 feingehackte Zwiebeln
1-3 feingehackte scharfe
    grüne Chilis◇
1 ½ TL gemahlener
    Kreuzkümmel◇
⅛-¼ TL Cayennepfeffer◇
3 EL frischer grüner
    Koriander◇
¼ TL Backpulver
schwarzer Pfeffer
Salz

◆ Die Kartoffeln schälen und in ganz kleine Würfel schneiden. Die Tomaten zerkleinern. Die Zucchini waschen und die Endstücke entfernen. Die Zucchini grob raspeln und in eine Schüssel geben, ¾ Teelöffel Salz darüberstreuen, gut durchmischen und 30 Minuten zur Seite stellen.

Anschließend alle Flüssigkeit aus den Zucchini herausdrücken und die Stückchen locker auseinanderzupfen.

In einer hohen Pfanne 3 Teelöffel Öl bei mittlerer Wärme erhitzen. Die Zwiebeln in das heiße Öl geben und 1 Minute rühren. Die Kartoffeln und die Chilis zugeben und weitere 5 Minuten rühren, bis die Kartoffelwürfel nahezu weich sind. Anschließend die Zucchini, die Tomaten, den Kreuzkümmel, 1 Teelöffel Salz, den Cayennepfeffer und reichlich schwarzen Pfeffer zugeben. 2 bis 3 Minuten weiterrühren, bis die Tomatenstücke weich sind. Anschließend die Pfanne zum Abkühlen zur Seite stellen.

Die Eier in eine Schüssel geben und gut verschlagen. Die abgekühlte Gemüsemischung mit dem frischen Koriander hinzufügen und alles miteinander vermischen. Das Backpulver darüberstreuen, untermischen und darauf achten, daß es nicht klumpt. Erneut durchmischen.

Die Pfanne mit saugfähigem Papier auswischen, die restlichen 2 Teelöffel Öl hineingießen und die Pfanne auf eine kleine Flamme stellen. Wenn das Öl heiß ist, das Eiergemisch hineingeben und bei schwacher Hitze zugedeckt 15 Minuten backen. Den Deckel abnehmen und das Omelett wenden. Dabei am besten einen großen Teller mit der Innenseite über die Pfanne legen und mit einer Hand den Teller festhalten. Die Pfanne mit der anderen Hand schnell und gewandt hochheben und umdrehen, so daß sich die Pfanne oben und der Teller unten befindet. Das Omelett liegt nun mit der braunen Seite nach oben auf dem Teller. Zurück in die Bratpfanne gleiten lassen und weitere 5 Minuten ohne Deckel weiterbacken. Anschließend das Omelett noch einmal auf dieselbe Art auf

*eine Servierplatte umdrehen, damit es nun mit der
helleren Seite nach oben liegt.*

Heiß, warm oder bei Zimmertemperatur servieren.

Variante:
Den Koriander durch frische Petersilie ersetzen.

Beilagen:
*Salat, Baguette und Weißwein; Geschichtetes Brot
(siehe Rezept) oder Toast, Dip aus Tomaten,
Zwiebel und Koriander (siehe Rezept) und
dampfend heißer Tee*

◆ *Die Tomate enthäuten und zerkleinern, die Eier
leicht verschlagen.*

*In einer mittelgroßen Pfanne die Butter bei mittlerer Hitze schmelzen lassen. Die Zwiebel hineingeben und weich dünsten. Den Ingwer, den Chili, den
Koriander, eine Prise Gelbwurz, den Kreuzkümmel
und die Tomate zugeben und 3 bis 4 Minuten rühren, bis die Tomatenstücke weich sind. Die geschlagenen Eier dazugießen, salzen und pfeffern. Die
Eiermischung vorsichtig rühren, bis sie zu einer
weichen, großflockigen Masse stockt. Das Rührei
so lange in der Pfanne bewegen, bis es die
erwünschte Festigkeit hat.*

Beilage:
Toast oder indisches Fladenbrot

Würziges Rührei
Ekuri

für 4 Personen

6 große Eier
1 kleine Tomate
*3 EL ungesalzene Butter
    oder Pflanzenöl*
1 feingehackte kleine Zwiebel
1/2 TL feingeriebener Ingwer◇
*1/2–1 feingehackte scharfe
    grüne Chili◇*
*1 EL feingehackter frischer
    Koriander◇*
Gelbwurz◇
*1/2 TL gemahlener
    Kreuzkümmel◇*
schwarzer Pfeffer
Salz

Die Parsen

Die Parsen, die sich rund um Bombay an Indiens Westküste angesiedelt haben, kamen vor über tausend Jahren aus Persien. Sie bewahren bis heute ihre Religion, die Lehre Zarathustras, ließen sich aber auch von Kleidung, Sprache und Ernährung ihrer neuen Heimat und später der britischen Kolonialherren beeinflussen. Die kulinarische Tradition der Parsen ist einzigartig: In ihr finden sich neben englischen Elementen solche aus Gujarat und Maharashtra, unverkennbar aber auch ein persischer Grundzug. Am deutlichsten ist dies an ihrer Vorliebe für Eier und an der Fülle von Eiergerichten zu erkennen: Eier auf gebratenen Okra, Eier auf Kartoffelstiften, Eier auf Tomaten-Chutney – die Gerichte sind zahlreich.

Die Küche der Parsen kennt auch alle möglichen Varianten von Omeletts. Einige werden zusammengefaltet, andere ähneln einer Quiche, einer Pastete oder einer Torte.

◆ *Die Eier hart kochen, schälen und quer halbieren. In einer großen Pfanne das Öl bei mittlerer Wärme erhitzen. Die Zwiebel in das heiße Öl geben und etwa 3 Minuten unter ständigem Rühren andünsten, bis die Ränder braun werden. Den geschälten und feingeriebenen Ingwer und den Chili zufügen und 1 Minute weiterrühren. Anschließend die Sahne, den Zitronensaft, den Kreuzkümmel, eine Prise Cayennepfeffer, ½ Teelöffel Salz, das Garam masala, das Tomatenmark und die Hühnerbrühe zufügen und gründlich verrühren. Alles zum Kochen bringen.*

Die Eierhälften mit der Schnittfläche nach oben in einer Lage in die Pfanne legen und mit einem Löffel die Sauce darübergeben. Alles bei mittlerer Hitze etwa 5 Minuten kochen, bis die Sauce eindickt. Dabei immer wieder Sauce über die Eier geben.

Die Eierhälften mit der Schnittfläche nach oben vorsichtig auf eine Servierplatte legen und die Sauce darübergießen. Mit dem Koriander garnieren.

Variante:
Den Koriander durch frische Petersilie ersetzen.

Beilagen:
Toast; Reis und Salat; Geschichtetes Brot (siehe Rezept) oder Würziger Duftreis (siehe Rezept) und Grüne Bohnen auf Gujarat-Art (siehe Rezept)

Eier in würziger Sahnesauce
Malaidar ande

Dieses schnell zubereitete Eiergericht eignet sich hervorragend für ein spätes Frühstück oder ein leichtes Mittag- oder Abendessen.

für 3 bis 4 Personen

6–8 Eier
3 EL Pflanzenöl◇
1 feingehackte Zwiebel
1 Ingwerwurzel◇ (2,5 cm)
½–1 feingehackte scharfe
   grüne Chili◇
¼ l Schlagsahne
1 EL Zitronensaft
1 TL gerösteter und gemahlener Kreuzkümmel◇
Cayennepfeffer◇
¼ TL Garam masala◇
   (siehe Rezept)
2 TL Tomatenmark
150 ml Hühnerbrühe
Salz

zum Garnieren:
1 EL feingehackter frischer
   Koriander◇

Essigeier
Baida vindalu

für 3 bis 4 Personen

6–8 hartgekochte Eier
4 Knoblauchzehen
1 Ingwerwurzel◇ (2,5 cm)
Cayennepfeffer◇
2 TL Paprika
½ TL gemahlener
  Kreuzkümmel◇
1 ½ EL brauner Zucker
2 EL oder 150 ml milder weißer
  Essig
3 EL Pflanzenöl◇
1 Stück Zimt◇ (2,5 cm)
6 gehackte Zwiebeln
½ TL Garam masala◇
  (siehe Rezept)
Salz

◆ Die Eier hart kochen, schälen und quer halbieren. Den zerdrückten Knoblauch, den feingeriebenen Ingwer, eine Prise Cayennepfeffer, den Paprika, den Kreuzkümmel, 1 ¼ Teelöffel Salz, den braunen Zucker und 2 Eßlöffel Essig in eine Tasse oder kleine Schüssel geben und gut durchmischen.

In einer mittelgroßen Pfanne das Öl bei mittlerer Wärme erhitzen und das Stück Zimt hineingeben. Nach einigen Sekunden die Zwiebeln zugeben und etwa 5 Minuten rühren, bis die Zwiebeln weich geworden sind. Anschließend die Gewürzmischung und das Garam masala zufügen. 2 Minuten rühren und dann 150 ml Essig und 175 ml Wasser zugießen. Alles miteinander verrühren und zum Sieden bringen. Die Eierhälften mit der Schnittfläche nach oben in einer Lage in die Pfanne legen und mit einem Löffel die Sauce darübergeben. Alles bei mittlerer Hitze etwa 5 Minuten kochen, bis die Sauce eindickt. Dabei immer wieder Sauce über die Eier geben.

Beilagen:
Reis oder indisches Fladenbrot, Blumenkohl mit Kartoffeln (siehe Rezept)

◆ Die Eier hart kochen, schälen und quer halbieren. Die Tomaten enthäuten und fein zerkleinern. Den geschälten und gehackten Ingwer und den Knoblauch mit 2 Eßlöffel Wasser im Mixer mahlen, bis eine Paste entsteht. Die Kartoffeln schälen, in 1 cm dicke Scheiben und dann der Länge nach in 1 cm breite Stifte schneiden.

In einer großen Pfanne das Öl bei mittlerer Wärme erhitzen. Die Kartoffeln in das heiße Öl geben und backen, bis sie goldbraun, aber noch nicht ganz gar sind. Dabei mehrmals wenden. Mit einem Schaumlöffel aus der Pfanne heben und auf einem Teller zur Seite stellen.

Die Zwiebeln in dasselbe Öl geben und rühren, bis sie eine mittelbraune Farbe annehmen. Die Ingwer-Knoblauch-Paste zufügen und alles 1 Minute verrühren. Eine Prise Cayennepfeffer, den gemahlenen Koriander und das Mehl hineinstreuen und erneut 1 Minute rühren. 1 Eßlöffel Joghurt zugeben und ½ Minute verrühren, bis er sich mit der Sauce verbunden hat. Mit dem restlichen Joghurt auf gleiche Weise verfahren. Die Tomaten beigeben und die Mischung 2 Minuten weiterrühren. ¼ Liter Wasser mit 1½ Teelöffel Salz zugießen. Aufkochen und zugedeckt bei schwacher Hitze 10 Minuten köcheln lassen.

Anschließend die Kartoffeln wieder in die Sauce zurückgeben und alles zum Sieden bringen. Zugedeckt bei schwacher Hitze 10 Minuten köcheln lassen, bis die Kartoffeln gerade weich sind. Das Garam masala und den frischen Koriander darüberstreuen und vorsichtig unterrühren.

Die Eierhälften mit der Schnittfläche nach oben in die Pfanne legen, so daß die Dotter nicht herausfallen. Mit einem Löffel etwas Sauce über die Eier geben. Alles nochmals zum Kochen bringen und zugedeckt bei schwacher Hitze 5 Minuten köcheln lassen.

Variante:
Den frischen Koriander durch frische Petersilie ersetzen.

Eier mit Kartoffeln
Ande aur alu

für 2 bis 4 Personen

4 Eier
300 g Tomaten
1 Ingwerwurzel◇ (2,5 cm)
2 Knoblauchzehen
500 g Kartoffeln
6 EL Pflanzenöl◇
4 feingehackte Zwiebeln
Cayennepfeffer◇
1 EL gemahlene
   Koriandersamen◇
1 TL Mehl
4 EL Joghurt◇
½ TL Garam masala◇
   (siehe Rezept)
1 EL feingehackter frischer
   Koriander◇
Salz

Fisch
Machali

Frischer Fisch ist leicht verträglich, gart schnell und kann einfach und doch köstlich zubereitet werden. Die folgenden Rezepte der indischen Küche verwenden Fische, die auch in Europa erhältlich sind. Gekochte, tiefgefrorene Garnelen zum Beispiel sind fast überall ohne Schwierigkeiten zu kaufen.

In Indien wird gerne panierter und gebratener Fisch gegessen. Hier können Schollen genommen werden, die in ihrem Aussehen dem indischen »Butterfisch« ähneln. Die indische Makrele hat eine rundere Form als die europäische, ähnelt ihr im Geschmack aber sehr. Sie wird in einem Rezept von der Westküste verwendet, zu dem frischer Koriander und eine Zitronenmarinade gehören. In Indien sind Kabeljau, Heilbutt und Schellfisch unbekannt, doch haben einige Flußfische eine ähnliche Konsistenz; sie werden mit Tomaten, Joghurt oder Blumenkohl zubereitet. Das Muschelrezept stammt aus Goa und ist eines der wenigen, in denen frische Kokosnuß verwendet wird.

Beim Kauf erkennt man die Frische eines Fisches an den leuchtenden Kiemen, den klaren Augen, der schimmernden Haut und dem straffen und festen Rumpf. Auch sollte er keinen Fischgeruch aufweisen.

Muscheln à la Goa
Thisra

für 6 Personen

30–36 kleine bis mittelgroße
    Miesmuscheln
1 ¹/₂–2 scharfe grüne Chilis◇
1 Ingwerwurzel◇ (2,5 cm)
8 Knoblauchzehen
4 EL Pflanzenöl◇
4–5 gehackte Zwiebeln
¹/₂ TL Gelbwurz◇
2 TL gemahlener
    Kreuzkümmel◇
¹/₂ frische Kokosnuß◇
Salz

◆ Die Muscheln gründlich waschen und bürsten, die geöffneten Muscheln aussortieren. Die Chilis in dünne Ringe schneiden.

Den geschälten und gehackten Ingwer und den Knoblauch mit 6 Eßlöffel Wasser im Mixer mahlen, bis eine glatte Paste entsteht.

In einem großen, schweren Topf das Öl bei mittlerer Wärme erhitzen. Die Zwiebeln in das heiße Öl geben und unter ständigem Rühren dünsten, bis sie glasig werden. Die Ingwer-Knoblauch-Paste, die Chilis, das Gelbwurz und den Kreuzkümmel hinzufügen und 1 Minute rühren. Die feingeriebene Kokosnuß, ¹/₂ Teelöffel Salz und ¹/₄ Liter Wasser zufügen. Alles aufkochen lassen.

Die Muscheln in den Topf geben, gut durchmischen und alles erneut aufkochen. Fest zudecken, die Hitze verringern und die Muscheln 6 bis 10 Minuten dünsten, bis sie sich geöffnet haben. Sofort servieren.

Bemerkung:
Der Sud, in dem die Muscheln gekocht werden, kann etliche Stunden im voraus zubereitet werden. Bevor die Muscheln in den Topf gegeben werden, ihn erneut aufkochen.

Variante:
Die Miesmuscheln durch Herzmuscheln ersetzen.

Beilage:
Reis

◆ *Die Garnelen entschalen, auf saugfähiges Papier legen und auftauen lassen. Die Tomaten enthäuten und fein zerkleinern. Die Zwiebeln, den geschälten und gehackten Ingwer und den Knoblauch mit 2 Eßlöffel Wasser im Mixer mahlen, bis eine Paste entsteht.*

In einem Topf von etwa 20 cm Durchmesser das Öl bei mittlerer Wärme erhitzen. Den Zimt, den Kardamom und die Lorbeerblätter in das heiße Öl geben und kurz rühren. Die Paste aus dem Mixer zugeben und etwa 5 Minuten weiterrühren, bis sie eine leicht braune Farbe annimmt.

Den Kreuzkümmel und den gemahlenen Koriander hineingeben und erneut $^1\!/\!_2$ Minute rühren. Die Tomaten zugeben und rühren, bis die Paste eine rötlich-braune Farbe annimmt. 1 Eßlöffel Joghurt zugeben und 10 bis 15 Sekunden rühren, bis der Joghurt in die Sauce eingebunden ist. Mit dem restlichen Joghurt auf gleiche Weise verfahren.

Das Gelbwurz und den Cayennepfeffer einstreuen und 1 Minute weiterrühren. Die Garnelen trockentupfen und zusammen mit $^1\!/\!_4$ Liter Wasser und $^3\!/\!_4$ Teelöffel Salz zufügen. Alles miteinander verrühren und bei mittlerer Hitze aufkochen lassen. Unter weiterem vorsichtigem Rühren etwa 5 Minuten kochen, bis die Sauce eindickt. Die Garnelen dürfen dabei nicht zerkochen. Das Garam masala darüberstreuen und untermischen. Mit dem frischem Koriander garniert servieren.

Bemerkung:
Die nicht zerkochten Gewürze werden nicht mitgegessen.

Beilagen:
Duftreis (siehe Rezept), Blumenkohl mit Kartoffeln (siehe Rezept) und Dip aus Tomaten, Zwiebeln und Koriander (siehe Rezept)

Garnelen in dunkler Sauce
Rassedar djhinga

für 4 Personen

350 g gefrorene Garnelen
3 Tomaten
2 grobgehackte Zwiebeln
1 Ingwerwurzel$^\diamond$ (2,5 cm)
5 Knoblauchzehen
4 EL Pflanzenöl$^\diamond$
1 Stück Zimt$^\diamond$ (2,5 cm)
6 Kardamomkapseln$^\diamond$
2 Lorbeerblätter
*2 TL gemahlener
    Kreuzkümmel$^\diamond$*
*1 TL gemahlene
    Koriandersamen$^\diamond$*
5 EL Joghurt$^\diamond$
$^1\!/\!_2$ TL Gelbwurz$^\diamond$
$^1\!/\!_4$–$^1\!/\!_2$ TL Cayennepfeffer$^\diamond$
*$^1\!/\!_4$ TL Garam masala$^\diamond$
    (siehe Rezept)*
Salz

zum Garnieren:
*2 EL feingehackter frischer
    Koriander$^\diamond$*

Heilbutt mit Blumenkohl
Macchi aur phul gobhi

für 4 bis 6 Personen

1–2 Heilbuttsteaks (1 kg)
    von 2,5 cm Dicke
350 g Blumenkohl
1–2 scharfe grüne Chilis◊
1 ½ TL gemahlener
    Kreuzkümmel◊
1 ½ TL gemahlene
    Koriandersamen◊
½ TL Gelbwurz◊
etwa ½ TL Cayennepfeffer◊
3 grobgehackte Zwiebeln
1 Ingwerwurzel◊ (5 cm)
7 EL Pflanzenöl◊
6 EL Joghurt◊
schwarzer Pfeffer
Salz

◆ Den Fisch in Stücke von 5 mal 4 cm Größe schneiden, die Haut jedoch nicht abziehen. Den Blumenkohl in kleine Röschen zerteilen und die Chilis vierteln.

Den Fisch in eine Schüssel legen und ½ Teelöffel Kreuzkümmel, ½ Teelöffel Koriander, ¼ Teelöffel Gelbwurz, ¼ Teelöffel Cayennepfeffer und ½ Teelöffel Salz darüberstreuen. Den Fisch mehrmals wenden und 30 Minuten zur Seite stellen.

Die Zwiebeln, den geschälten und gehackten Ingwer und die Chilis mit 3 Eßlöffel Wasser im Mixer mahlen, bis eine Paste entsteht.

In einer tiefen Pfanne von etwa 30 cm Durchmesser 6 Eßlöffel Öl bei mittlerer Wärme erhitzen. Den Blumenkohl in das heiße Öl geben und rühren, bis er eine leicht braune Farbe annimmt. Mit einem Schaumlöffel herausheben und in einer Schüssel zur Seite stellen. ¼ Teelöffel Salz und etwas schwarzen Pfeffer darüberstreuen und alles gut durchmischen.

Den Fisch in einer Lage in dieselbe Pfanne geben und ihn leicht von beiden Seiten anbräunen, ohne daß er vollständig gar wird. Den Fisch vorsichtig herausnehmen und auf eine Platte legen.

In die Pfanne den letzten Eßlöffel Öl geben und bei mittlerer Wärme erhitzen. Die Paste aus dem Mixer in das heiße Öl geben und rühren, bis sie eine hellbraune Farbe annimmt. Die restlichen 1 Teelöffel Kreuzkümmel, 1 Teelöffel Koriander, ⅛–¼ Teelöffel Cayennepfeffer und ¾ Teelöffel Salz hineingeben. Erneut 1 Minute rühren. 1 Eßlöffel Joghurt zugeben und etwa ½ Minute umrühren, bis er in die Paste eingebunden ist. Mit dem restlichen Joghurt auf gleiche Weise verfahren.

Knapp ½ Liter Wasser hineingießen und unter ständigem Rühren zum Kochen bringen. Bei mittlerer Hitze 2 Minuten köcheln lassen, dann die Fischstücke und den Blumenkohl vorsichtig hineinlegen. Alles bei leicht geöffnetem Deckel und mittlerer Hitze etwa 5 Minuten kochen, bis der Fisch gar und der Blumenkohl weich ist. Dabei mit

einem Löffel gelegentlich Sauce über Fisch und
Gemüse geben.

Beilagen:
Reis und ein Chutney

◆ Die Garnelen entschalen, auf saugfähiges
Papier legen und auftauen lassen. Die Zucchini
waschen und die Enden abschneiden. Die Zucchini
der Länge nach vierteln und so schneiden, daß
jedes Stück etwas größer als eine Garnele ist. Die
Zucchini in eine Schüssel geben und 1/4 Teelöffel
Salz darüberstreuen. Einige Male wenden und
30 bis 40 Minuten zur Seite stellen. Anschließend
in ein Sieb geben, abtropfen lassen und trockentupfen.

In einem Topf oder einer Pfanne das Öl bei mitt-
lerer Wärme erhitzen. Den Knoblauch in das heiße
Öl geben und umrühren, bis er eine mittelbraune
Farbe annimmt. Die Zucchini, den gehackten
Koriander, den Chili, das Gelbwurz, den Kreuz-
kümmel, den Cayennepfeffer, die zerkleinerten
Tomaten mit ihrer Flüssigkeit, den Ingwer, den
Zitronensaft und 1 Teelöffel Salz hineingeben.
Alles verrühren und zum Kochen bringen. Die Gar-
nelen trockentupfen, hinzugeben und unterrühren.
Zugedeckt bei schwacher Hitze 3 Minuten köcheln
lassen.

Den Deckel abnehmen und auf mittlere Hitze
bringen. Falls zuviel Flüssigkeit vorhanden ist, verkochen lassen, bis die Sauce eindickt.

Beilagen:
Würziger Duftreis (siehe Rezept) oder Langkornreis (siehe Rezept) und Rote Linsen mit Kreuzkümmel (siehe Rezept)

Garnelen mit Zucchini
Djhinga aur ghia

In Indien wachsen keine Zucchini, aber
eine Vielzahl ähnlicher Kürbisarten, die
oft zusammen mit Garnelen oder anderen Meeresfrüchten gekocht werden.

für 4 Personen

350 g gefrorene Garnelen
350 g kleine Zucchini
5 EL Pflanzenöl◇
6 feingehackte
   Knoblauchzehen
75 g frischer Koriander◇
1 feingehackter scharfer
   grüner Chili◇
1/2 TL Gelbwurz◇
1 1/2 TL gemahlener
   Kreuzkümmel◇
1/4 TL Cayennepfeffer◇
3 kleine Tomaten aus der Dose
125 ml der Dosenflüssigkeit
1 TL feingeriebener Ingwer◇
1 EL Zitronensaft
Salz

Gebackenes Schollenfilet
Tali hui macchi

Dies ist eines der einfacheren Fischgerichte, die in vielen Teilen Indiens
anzutreffen sind, wobei jede Region den
eigenen, am Ort vorkommenden Fisch
verwendet. Das Panieren geht auf west-
liche Einflüsse zurück.

für 4 Personen

750 g Schollenfilet
1 ½ TL Kreuzkümmmel◊
½ TL Cayennepfeffer◊
½ TL Gelbwurz◊
2 EL feingehackter frischer
    Koriander◊
2 Eier
175 g frische Weißbrotkrümel
Pflanzenöl◊
schwarzer Pfeffer
Salz

◆ *Die dunklere Haut der Fischfilets entfernen, die Filets quer und leicht diagonal in 2 cm breite Streifen schneiden. Den Fisch auf einen Teller legen und von beiden Seiten mit ¾ Teelöffel Salz, schwarzem Pfeffer, dem Kreuzkümmel, dem Cayennepfeffer, dem Gelbwurz und dem Koriander bestreuen. Die Gewürze festklopfen, damit sie haftenbleiben. 15 Minuten zur Seite stellen.*

Die Eier in einen tiefen Teller geben, 4 Teelöffel Wasser zugeben und alles leicht durchschlagen. Die Brotkrümel auf einem weiteren Teller verteilen. Den Fisch nacheinander in den Eiern und den Brotkrümeln wenden und gleichmäßig panieren.

Eine Pfanne 1 cm hoch mit Öl füllen und bei mittlerer Wärme erhitzen. In das heiße Öl soviele Filetstreifen legen, wie die Pfanne in einer Lage locker fassen kann. Von beiden Seiten 2 bis 3 Minuten goldbraun backen. Anschließend auf saugfähiges Papier legen. Mit dem restlichen Fisch auf gleiche Weise verfahren.

Heiß servieren.

Variante:
Den Koriander durch frische Petersilie ersetzen.

Beilage:
Zitronenschnitze oder Ketchup

◆ *Die Zwiebeln in dicke Scheiben schneiden und
damit eine feuerfeste Backform aus Glas oder
Keramik auslegen, die so groß sein sollte, daß sie
den Fisch in einer Lage locker faßt. Die Fischfilets
quer in Streifen von etwa 7,5 cm Länge schneiden
und auf die Zwiebeln legen.*

*Den Joghurt in einer Schüssel leicht schlagen.
Den Zitronensaft, den Zucker, den schwarzen Pfeffer, den Kreuzkümmel, den Koriander, das Garam
masala, den Cayennepfeffer, den Ingwer und 1 ½
Teelöffel Salz hinzufügen und alles gut miteinander vermischen. Das Öl zugeben und nochmals
durchmischen. Diese Sauce über den Fisch verteilen und darauf achten, daß sie auch unter die
Fischstücke gelangt. Die Form mit Aluminiumfolie
und Deckel abdichten und den Fisch im oberen
Drittel des auf 190° vorgeheizten Ofens 30 Minuten
backen.*

*Anschließend alle Flüssigkeit vorsichtig aus der
Form in eine kleine Saucenpfanne gießen. Den
Fisch zugedeckt warm stellen.*

*Die wäßrig aussehende Sauce bis auf etwa
350 ml verkochen lassen. Die Pfanne vom Herd
nehmen und die in kleine Stücke zerteilte Butter
hineingeben. Mit einer Gabel oder dem Schneebesen unterrühren, bis die Butter geschmolzen ist.
Die Sauce über den Fisch gießen und servieren.*

Bemerkung:
*Das Gericht kann auch am nächsten Tag kalt ser-
viert werden, nachdem es über Nacht im Kühlschrank gestanden hat. Als Beilage eignet sich
dann grüner Salat.*

Variante:
*Den Schellfisch durch Kabeljau oder Heilbutt, in
dicke Filets geschnitten, ersetzen.*

Beilagen:
*Reisgericht mit Pilzen (siehe Rezept) und Spinat
mit Kartoffeln (siehe Rezept)*

In Joghurtsauce gebackener Schellfisch
Dahi wali macchi

für 4 bis 6 Personen

*1 kg frisches Schellfischfilet
    von 2,5 cm Dicke
4 Zwiebeln
425 ml Joghurt◇
2 EL Zitronensaft
1 TL Zucker
¼ TL grob gemahlener
    schwarzer Pfeffer
2 TL gemahlener
    Kreuzkümmel◇
2 EL gemahlene
    Koriandersamen◇
¼ TL Garam masala◇
    (siehe Rezept)
½–¾ TL Cayennepfeffer◇
1 TL feingeriebener Ingwer◇
3 EL Pflanzenöl◇
40 g ungesalzene Butter
Salz*

Kabeljausteaks in würziger Tomatensauce
Tamatar wali macchi

für 4 Personen

4 Kabeljausteaks (etwa 1 kg)
400 g Tomaten aus der Dose
1/2 TL Cayennepfeffer◊
1/4 TL Gelbwurz◊
9 EL Pflanzenöl◊
1 TL Fenchelsamen◊
1 TL Senfkörner
4 feingehackte Zwiebeln
2 feingehackte
  Knoblauchzehen
2 TL gemahlener
  Kreuzkümmel◊
1/2 TL gerösteter und gemahlener Kreuzkümmel◊
1/4 TL Garam masala◊
  (siehe Rezept)
Salz

◆ *Die Tomaten zerkleinern. Die Fischsteaks mit saugfähigem Papier abtupfen und von beiden Seiten mit 1/4 Teelöffel Salz, 1/4 Teelöffel Cayennepfeffer und 1/4 Teelöffel Gelbwurz einreiben. Etwa 30 Minuten zur Seite stellen.*

In einer Saucenpfanne 4 Eßlöffel Öl bei mittlerer Wärme erhitzen. Die Fenchelsamen und die Senfkörner in das heiße Öl streuen. In Sekundenschnelle werden die Senfkörner aufzuplatzen beginnen. Die Zwiebeln und den Knoblauch zugeben und rühren, bis die Zwiebeln eine leicht bräunliche Farbe annehmen. Anschließend den gemahlenen Kreuzkümmel, 1 Teelöffel Salz und 1/4 Teelöffel Cayennepfeffer zufügen und einmal umrühren. Die Tomaten mit ihrer Flüssigkeit, den gerösteten Kreuzkümmel und das Garam masala zugeben. Aufkochen und zugedeckt bei schwacher Hitze 15 Minuten schwach köcheln lassen.

In eine große Pfanne die restlichen 5 Eßlöffel Öl geben und bei mittlerer Wärme erhitzen. Die Fischsteaks im heißen Öl von beiden Seiten anbraten, ohne daß der Fisch ganz gar wird. Anschließend die Steaks in eine Backform legen und die Tomatensauce über den Fisch gießen. 15 Minuten ohne Deckel im auf 180° vorgeheizten Backofen garen lassen.

Beilagen:
Reis mit Erbsen (siehe Rezept) und Spinat mit Zwiebeln (siehe Rezept)

◆ *Die Köpfe von den Makrelen abtrennen. Die Makrelen der Länge nach an der Bauchseite aufschlitzen und mit der Hautseite nach oben flach auf eine feste Oberfläche legen. Mit dem Handballen kräftig entlang des Rückgrats drücken, so daß sich die Wirbelsäule etwas vom Fleisch löst. Den Fisch umdrehen und mit den Fingern oder einem Messer unter Gräten und Wirbelsäule fahren, um sie abzulösen. Zwei oder drei flache, diagonale Schnitte in die Haut jedes Fisches machen.*

Den Koriander, den Chili, den Zitronensaft, ½ Teelöffel Salz und Pfeffer in einer Schüssel gut durchmischen. Die Fische mit dieser Mischung von allen Seiten einreiben und 45 Minuten zur Seite stellen.

Den Grill erhitzen und die Fische mit der Hautseite nach oben in eine Grillpfanne legen. Die Hälfte der in Stücke zerteilten Butter darauf verteilen. Der Fisch sollte während des Grillens etwa 10 cm von der Wärmequelle entfernt sein. 5 Minuten auf der Hautseite grillen, dann umdrehen und die restliche Butter auf der Innenseite der Fische verteilen und nochmals 4 Minuten grillen, bis der Fisch goldbraun ist.

Beilagen:
Reisgericht mit Pilzen (siehe Rezept) und Weißkohl mit Erbsen (siehe Rezept)

Gegrillte Makrelen mit Zitrone und Koriander
Hare masale wali macchi

In Goa an der Westküste Indiens rösten Fischer die Makrelen direkt am Strand über schwelendem Reisstroh. Die geschwärzte Haut wird abgezogen und der makellose Fisch mit einer einfachen Essigsauce zu sich genommen. Weiter nördlich wird der Fisch in einer Sauce aus Zitronensaft und frischem grünen Koriander mariniert, bevor er gebraten oder gegrillt wird. Das folgende Rezept stammt aus Bombay.

für 2 Personen

45 Minuten marinieren

2 mittelgroße ausgenommene Makrelen (etwa 700 g)
50 g ungesalzene Butter

für die Marinade:
3 EL gehackter frischer Koriander◇
½–1 feingehackter scharfer grüner Chili◇
1 EL Zitronensaft
schwarzer Pfeffer
Salz

Hülsenfrüchte
Dal

Hülsenfrüchte – getrocknete Bohnen, Schälerbsen und viele Linsensorten – zählen in Indien zu
den Grundnahrungsmitteln und decken in
hohem Maße den täglichen Eiweißbedarf der
Familien, die selten Fleisch essen oder Vegetarier sind. Das indische Wort *dal* (mit langem
»a«) bezeichnet nicht nur allgemein alle Hülsenfrüchte außer Bohnen, sondern auch Gerichte aus ihnen.

Hülsenfrüchte allein sind eine unvollstän-
dige Ernährung und sollten durch Getreide
– Reis oder Brot – und Milchprodukte ergänzt
werden. Wenn Ernährungswissenschaftler heute sagen, daß diese Kombination von Nahrungs-
mitteln soviel Eiweiß enthält wie ein Steak, sei
an die indischen Dorfbewohner erinnert, deren
Grundnahrung über Jahrhunderte hinweg *dal*
mit Reis oder Brot war, begleitet von einem
Becher Buttermilch.

Wegen ihres unaufdringlichen Geschmacks
und ihrer Beschaffenheit lassen sich Hülsenfrüchte leicht zu Suppen verarbeiten, aber auch
mit Fleisch und Gemüse zu einer schmack-
haften Hauptmahlzeit kombinieren.

Hülsenfrüchte sind jedoch schwer verdaulich. Dieselben indischen Vorfahren, die heraus-
fanden, daß eine hinsichtlich ihres Nährwertes
ausgewogene vegetarische Mahlzeit *dal*, Getreide und Milcherzeugnisse umfaßt, wußten
auch, daß bestimmte Gewürze Hülsenfrüchte
leichter verdaulich machen. Noch heute werden
Hülsenfrüchte fast immer mit mindestens
einem der drei Gewürze Ingwer, Gelbwurz oder
Asa foetida gekocht.

Die indische Küche kennt viele verschiedene
Arten von Hülsenfrüchten. Einige läßt man
ganz, andere werden gespalten, manche geschält. Durch das Schälen teilen sich die meist
natürlich vorhandenen inneren Hälften des
Kerns, und der Kochvorgang wird beschleunigt.

Alle Hülsenfrüchte sollten vor dem Gebrauch verlesen und gewaschen werden, weil oft

kleine Steine, Hülsen und andere Fremdkörper darunter sind. Vor der Zubereitung müssen die ganzen Bohnen entweder über Nacht in Wasser eingeweicht werden, oder man kocht sie zwei Minuten und läßt sie im Kochwasser eine Stunde stehen. Die Kochzeit aller Hülsenfrüchte hängt von ihrer Frische ab: Je frischer sie sind, um so schneller sind sie gar.

Spalterbsen sollten bei leicht geöffnetem Deckel gekocht werden, denn gespaltene Erbsen und Linsen entwickeln beim Kochen zuerst eine Menge dicken Schaums (freies Eiweiß), der den Dampf am Abziehen hindert und den Topf zum Überkochen bringt.

Alle Hülsenfrüchte sollten in fest verschlossenen Behältern aufbewahrt werden.

Schwarzaugenbohnen sind von grauer oder beiger Farbe und haben einen schwarzen Punkt an der Stelle, wo sie mit der Schote verbunden waren. Ihre Form ist oval, ihr Geschmack leicht rauchig. Sie werden heute fast überall in Supermärkten angeboten.

Schwarzaugenbohnen
Lobhia

Kichererbsen mit ihrem herben, bitteren Geschmack sind etwa einen Zentimeter groß und gelblich bis hellrot. Sie eignen sich ebenso für einen würzigen Snack wie als Beilage zu Fleisch und Gemüse.

Kichererbsen
Chhole

Rote Bohnen sind groß, von dunkelroter Farbe und nierenförmig. In Supermärkten und bei asiatischen Händlern werden sie oft als »Red Kidney Beans« angeboten.

Rote Bohnen
Radjma

Aduki-Bohnen haben die gleiche Farbe wie Rote Bohnen, sind jedoch kleiner als sie. Sie sind zumeist unter ihrem japanischen Namen »Aduki« in Naturkostläden und Supermärkten erhältlich.

Aduki-Bohnen
Ma

Diese runden, gespaltenen Linsen haben ein angenehmes, mildes Aroma. Ihr lachsfarbener Ton verändert sich beim Kochen zu einem fahlen Gelb. Mittlerweile werden sie in den meisten Supermärkten verkauft.

Rote geschälte Linsen
Masur dal

Diese runden, grünbraunen Hülsenfrüchte ähneln dem ungeschälten, nicht gespaltenen *Masur dal* und sind schnellkochend. Sie sind nicht identisch mit den südamerikanischen Linsen, die in Deutschland traditionell für Suppe verwendet werden.

Grüne ganze Linsen

Mung dal ist wohl das populärste *dal* Nordindiens und die geschälte und gespaltene Variante der Mungobohnen, die in der orientalischen Küche benutzt werden. Die Bohnen sind von fahlgelblicher Farbe und leicht länglich, ihr

Mungbohnen
Mung dal

Geschmack ist mild. Mungbohnen werden von vielen türkischen und orientalischen Händlern angeboten.

Kleine gelbe Schälerbsen
Chana dal

Chana dal ähneln den gelben Schälerbsen, die in den meisten Supermärkten zu finden sind. Sie sind jedoch kleiner, und ihr Geschmack ist »fleischiger« und süßer. *Chana dal* sind am ehesten bei indischen und pakistanischen Händlern erhältlich, lassen sich aber notfalls auch durch gewöhnliche gelbe Spalterbsen ersetzen.

◆ *Die Linsen verlesen, waschen und abtropfen lassen.*

In einem schweren Topf 1 Liter Wasser zum Kochen bringen. Die Linsen in das kochende Wasser geben und den Schaum, der sich an der Oberfläche bildet, abschöpfen. Den Ingwer und das Gelbwurz zufügen und durchrühren. Bei verringerter Hitze und leicht geöffnetem Deckel alles 1 1/2 Stunden köcheln lassen, bis die Linsen gar sind. Gegen Ende der Kochzeit alle 5 Minuten umrühren, damit die Linsen nicht ansetzen.

Anschließend 1 Teelöffel Salz zufügen, unterrühren und die Ingwerscheiben entfernen.

In einer kleinen, gußeisernen Pfanne das Öl bei mittlerer Wärme erhitzen. Eine Prise Asa foetida und unmittelbar danach den Kreuzkümmel in das heiße Öl geben. Wenige Sekunden andünsten lassen, den gemahlenen Koriander und den Cayennepfeffer zugeben. Einmal umrühren, den gesamten Inhalt der Pfanne in den Linsentopf geben und gut durchmischen.

Den frischen Koriander über die Linsen streuen und servieren.

Variante:
Den frischen Koriander durch großblättrige Petersilie ersetzen.

Beilage:
zu allen indischen Fleisch- oder Gemüsegerichten und Reis

Rote Linsen mit Kreuzkümmel
Masur dal

für 4 bis 6 Personen

200 g rote geschälte Linsen◇
2 dünne Scheiben ungeschälter Ingwer◇
1/2 TL Gelbwurz◇
3 EL Pflanzenöl◇ oder Ghi◇
nach Geschmack:
*   gemahlene Asa foetida◇*
1 TL Kreuzkümmelsamen◇
*1 TL gemahlene**
*   Koriandersamen◇*
1/4 TL Cayennepfeffer◇
2 EL feingehackter frischer Koriander◇
Salz

Rote Linsen
mit Weißkohl
Masur dal aur bandgobhi

für 4 bis 6 Personen

200 g rote geschälte Linsen◇
250 g Weißkohl
2 Zwiebeln
1–2 scharfe grüne Chilis◇
2 Tomaten
½ TL Gelbwurz◇
5 EL Pflanzenöl◇
1 TL Kreuzkümmelsamen◇
2–4 feingehackte
    Knoblauchzehen
½ TL feingeraspelter Ingwer◇
Salz

◆ Die Linsen verlesen, waschen und abtropfen lassen. Den Kohl waschen, fein hacken und den Strunk entfernen. Die Zwiebeln in feine Ringe schneiden. Die Chilis der Länge nach aufschneiden. Die Tomaten enthäuten und zerkleinern.

In einem schweren Topf reichlich 1 Liter Wasser zum Kochen bringen. Die Linsen in das kochende Wasser geben und den Schaum, der sich an der Oberfläche bildet, abschöpfen. Das Gelbwurz zufügen und durchrühren. Bei verringerter Hitze und leicht geöffnetem Deckel alles 1 ¼ Stunden köcheln lassen, bis die Linsen gar sind. Gegen Ende der Kochzeit einige Male umrühren, damit die Linsen nicht ansetzen.

Währenddessen in einer Pfanne von etwa 20 cm Durchmesser das Öl bei mittlerer Wärme erhitzen. Den Kreuzkümmel in das heiße Öl geben und 3 bis 4 Sekunden brutzeln lassen. Den Knoblauch hinzufügen. Sobald der Knoblauch eine braune Färbung annimmt, den Kohl, die Zwiebeln und die Chilis zufügen. Alles etwa 10 Minuten anbraten, dabei immer wieder umrühren, bis die Mischung eine bräunliche Farbe annimmt und leicht knusprig wird.

¼ Teelöffel Salz zufügen und untermischen. Die Pfanne auf der abgeschalteten Herdplatte stehenlassen.

Wenn die Linsen gar sind, 1 ¼ Teelöffel Salz, die Tomaten und den Ingwer zufügen, unterrühren und alles zugedeckt weitere 10 Minuten kochen.

Die Mischung aus der Pfanne mit dem restlichen Öl in den Linsentopf geben und gut mischen. Die Hitze erhöhen und alles weitere 2 bis 3 Minuten köcheln lassen, bis der Kohl durchgewärmt ist.

Beilage:
zu Huhn mit Zitrone und Koriander (siehe Rezept) und Reis

◆ *Die Linsen verlesen, waschen und abtropfen lassen.*

In einem schweren Topf das Öl bei mittlerer Wärme erhitzen. Den Kreuzkümmel und wenige Sekunden später den Knoblauch in das heiße Öl geben. Umrühren, bis der Knoblauch eine bräunliche Farbe annimmt. Die Zwiebeln zugeben und weiterrühren, bis die Ränder braun werden. Die Linsen und ¾ Liter Wasser zufügen und zum Kochen bringen. Zudecken und bei verringerter Hitze alles etwa 1 Stunde köcheln lassen, bis die Linsen gar sind.

Eine gute Prise Cayennepfeffer und 1 Teelöffel Salz zufügen und gut untermischen. Alles erneut 5 Minuten köcheln lassen.

Beilage:
zu Scharf-saurem Schweinefleisch à la Goa (siehe Rezept) oder einem anderen Fleischgericht, Butterreis mit Zwiebeln (siehe Rezept) und Grünen Bohnen auf Gujarat-Art (siehe Rezept)

Linsen mit Knoblauch und Zwiebeln
Lahsun pyadj ki dal

für 4 bis 6 Personen

200 g grüne Linsen◇
4 EL Pflanzenöl◇
½ TL Kreuzkümmelsamen◇
4 gehackte Knoblauchzehen
2 gehackte Zwiebeln
Cayennepfeffer◇
Salz

Linsen mit Spinat und Ingwer
Sag aur adrak ki dal

für 6 Personen

200 g grüne Linsen◇
500 g frischer Spinat
6 EL Pflanzenöl◇
1–2 feingehackte scharfe
   grüne Chilis◇
1 TL feingeriebener Ingwer◇
10 EL gehackter frischer
   Koriander◇
nach Geschmack:
   2–3 EL Zitronensaft
schwarzer Pfeffer
Salz

◆ Die Linsen verlesen, waschen und abtropfen lassen. Den Spinat putzen, waschen und hacken.

In einem schweren Topf ¾ Liter Wasser zum Kochen bringen und die Linsen hineingeben. Zudecken und bei geringer Hitze 1 Stunde köcheln lassen.

In einem großen, schweren Topf das Öl bei mittlerer Wärme erhitzen. Die Chilis und den Ingwer in das heiße Öl geben, umrühren und etwa 10 Sekunden andünsten. Den Spinat und den Koriander zugeben. Unter Rühren kochen, bis der Spinat zusammenfällt.

Die gekochten Linsen und 2 Teelöffel Salz zufügen. Gut vermischen und zum Kochen bringen. Anschließend zudecken und bei schwacher Hitze 25 Minuten garen lassen.

Den Pfeffer und den Zitronensaft hineingeben, gut durchrühren und alles nochmals ohne Deckel 5 Minuten kochen. Vor dem Servieren abschmecken.

Beilage:
zu Geschmortem Rindfleisch mit Joghurt (siehe Rezept) oder Lammfleisch mit Zwiebeln (siehe Rezept)

◆ *Die Mungbohnen verlesen, mehrmals waschen, abtropfen lassen und in einer Schüssel mit reichlich ³/₄ Liter Wasser 3 Stunden einweichen. Anschließend abgießen.*

Den Koriander, den gemahlenen Kreuzkümmel, das Gelbwurz, eine gute Prise Cayennepfeffer und 1 Eßlöffel Wasser in eine Tasse geben.

In einem schweren Topf das Öl bei mittlerer Wärme erhitzen. Die Mischung aus der Tasse in das heiße Öl geben und einmal umrühren. Sofort die abgeseihten Bohnen zugeben und gut durchrühren. Etwa ¹/₄ Liter Wasser und ¹/₂ Teelöffel Salz zugeben. Alles zum Kochen bringen und anschließend zugedeckt bei sehr schwacher Hitze 15 Minuten kochen, bis die Körner zart sind.

Kurz vor dem Servieren in einem kleinen Topf oder einer kleinen Pfanne das Öl oder das Ghi erhitzen. Die Kreuzkümmelsamen in das heiße Öl geben und wenige Sekunden brutzeln lassen. Den Chili zugeben und 2 bis 3 Sekunden rühren, bis er aufplatzt und eine dunklere Färbung annimmt.

Die Mungbohnen in eine Schüssel geben und mit dem Öl und den Gewürzen garniert servieren. Öl und Gewürze können auch untergerührt werden.

Variante:
Vor dem Servieren knusprig gebratene Zwiebeln über das Gericht streuen.

Beilage:
zu Fleisch- und Gemüsegerichten und Brot

Trockene Mungbohnen
Sukhi mung dal

für 4 bis 6 Personen

3 Stunden vorher beginnen

200 g Mungbohnen◇
1 TL gemahlene
    Koriandersamen◇
1 TL gemahlener
    Kreuzkümmel◇
¹/₄ TL Gelbwurz◇
Cayennepfeffer◇
2 EL Pflanzenöl◇
2 EL Pflanzenöl◇ oder Ghi◇
¹/₂ TL Kreuzkümmelsamen◇
nach Geschmack: 1 scharfer,
    getrockneter roter Chili◇
Salz

Schwarzaugenbohnen mit Pilzen
Lobhia aur khumbi

für 6 Personen

250 g getrocknete
  Schwarzaugenbohnen◊
250 g frische Champignons
400 g Tomaten
6 EL Pflanzenöl◊
1 TL Kreuzkümmelsamen◊
1 Stück Zimt◊ (2,5 cm)
4 sehr fein gehackte
  Knoblauchzehen
3 feingehackte Zwiebeln
1 TL gemahlener
  Kreuzkümmel◊
2 TL gemahlene
  Koriandersamen◊
¹/₂ TL Gelbwurz◊
¹/₄ TL Cayennepfeffer◊
3 EL gehackter frischer
  Koriander◊
schwarzer Pfeffer
Salz

◆ *Die Bohnen verlesen, waschen und abtropfen lassen.*

In einem schweren Topf reichlich 1 Liter Wasser zum Kochen bringen und die Bohnen hineingeben. Zudecken und bei verringerter Hitze 2 Minuten köcheln lassen. Bei ausgeschalteter Hitze die Bohnen zugedeckt 1 Stunde ruhenlassen.

Währenddessen die Pilze putzen und der Länge nach in dünne Scheiben schneiden. Die Tomaten enthäuten und zerkleinern.

In einer Pfanne das Öl bei mittlerer Wärme erhitzen. Die Kreuzkümmelsamen und den Zimt in das heiße Öl geben und 5 bis 6 Sekunden brutzeln lassen. Den Knoblauch und die Zwiebeln zufügen und unter Rühren dünsten, bis die Ränder der Zwiebeln braun werden. Die Pilze zufügen und unter ständigem Rühren dünsten, bis sie etwas zusammenfallen. Die Tomaten, den gemahlenen Kreuzkümmel, den gemahlenen Koriander, das Gelbwurz und den Cayennepfeffer zugeben und alles erneut 1 Minute dünsten. Zudecken und alles bei schwacher Hitze 10 Minuten im eigenen Saft köcheln lassen.

Bei ausgeschalteter Hitze die Pfanne ruhenlassen.

Nach 1 Stunde die Bohnen erneut zum Kochen bringen. Die Hitze verringern und zugedeckt 20 bis 30 Minuten köcheln lassen, bis die Bohnen weich sind.

Anschließend die Pilzmischung aus der Pfanne, 2 Teelöffel Salz und schwarzen Pfeffer den Bohnen zugeben, alles zum Köcheln bringen und weitere 30 Minuten ohne Deckel bei leicht erhöhter Hitze kochen. Dabei gelegentlich umrühren.

Vor dem Servieren die Zimtstange entfernen und den frischen Koriander darüberstreuen.

Variante:
Den frischen Koriander durch großblättrige Petersilie ersetzen.

Beilage:
zu Rotem Lammfleischtopf (siehe Rezept) oder
Huhn in Zwiebelsauce (siehe Rezept) und Reis
oder Brot

Kleine gelbe Schälerbsen
Chana dal

für 4 bis 6 Personen

♦ *Die Erbsen verlesen, waschen und abtropfen lassen.*
In einem schweren Topf reichlich 1 Liter Wasser zum Kochen bringen. Die Erbsen in das kochende Wasser geben und den Schaum, der sich an der Oberfläche bildet, abschöpfen. Das Gelbwurz und den Ingwer zufügen. Bei verringerter Hitze und leicht geöffnetem Deckel alles 1 $\frac{1}{2}$ Stunden köcheln lassen, bis die Erbsen weich sind. Während der letzten 30 Minuten alle 5 Minuten umrühren, damit das Dal nicht ansetzt. Anschließend $\frac{3}{4}$ bis 1 Teelöffel Salz und das Garam masala zugeben und unterrühren.

In einer kleinen Pfanne das Öl bei mittlerer Wärme erhitzen. Den Kreuzkümmel und wenige Sekunden später den Knoblauch in das heiße Öl geben. Rühren, bis der Knoblauch eine braune Farbe annimmt. Das Chilipulver zugeben und die Pfanne sofort vom Herd nehmen. Die Mischung über das Dal geben und untermischen.

250 g Schälerbsen◇
$\frac{1}{2}$ TL Gelbwurz◇
2 dünne Scheiben unge-
   schälter Ingwer◇
$\frac{1}{4}$ TL Garam masala◇
   (siehe Rezept)
3 EL Pflanzenöl◇ oder Ghi◇
$\frac{1}{2}$ TL Kreuzkümmelsamen◇
1–2 gehackte Knoblauchzehen
$\frac{1}{2}$ TL rotes Chilipulver◇
Salz

Variante:
Die kleinen gelben Schälerbsen durch gewöhnliche gelbe Erbsen ersetzen.

Beilage:
zu Huhn mit Tomaten und Garam masala (siehe Rezept), Blumenkohl mit Kartoffeln (siehe Rezept) und Reis

Saure Kichererbsen
Khatte chhole

für 6 Personen

350 g Kichererbsen◇
7 sehr fein gehackte Zwiebeln
1 gehackter scharfer grüner
    Chili◇
1 EL feingeriebener Ingwer◇
4 EL Zitronensaft
250 g Tomaten
6 EL Pflanzenöl◇
1 EL gemahlene
    Koriandersamen◇
1 EL gemahlener
    Kreuzkümmel◇
1/2 TL Gelbwurz◇
2 TL Garam masala◇
    (siehe Rezept)
1/4 TL Cayennepfeffer◇
Salz

◆ *Die Kichererbsen verlesen, waschen und abtropfen lassen. 20 Stunden in reichlich Wasser einweichen.*

Anschließend die Kichererbsen in einem großen Topf mit dem Einweichwasser zum Kochen bringen. Zudecken, die Hitze verringern und etwa 1 1/2 Stunden sanft köcheln lassen, bis sie gar sind. Die Kochflüssigkeit in einen Behälter abgießen und zur Seite stellen.

2 Eßlöffel der Zwiebeln, den Chili, den Ingwer, den Zitronensaft und 1/2 Teelöffel Salz in einer großen Tasse gut vermischen und zur Seite stellen. Die Tomaten enthäuten und zerkleinern.

In einer schweren Kasserolle das Öl bei mittlerer Wärme erhitzen. Die restlichen Zwiebeln in das heiße Öl geben und 8 bis 10 Minuten unter Rühren dünsten, bis die Ränder leicht braun werden. Die Tomaten zufügen und 5 bis 6 Minuten weiterdünsten, dabei die Tomaten mit dem Kochlöffel zerdrücken. Den Koriander, den Kreuzkümmel und das Gelbwurz zugeben und erneut 1/2 Minute weiterdünsten. Die abgeseihten Kichererbsen und 400 ml der Kochflüssigkeit, das Garam masala, den Cayennepfeffer und 2 Teelöffel Salz zufügen. Gut umrühren und aufkochen. Zudecken und bei schwacher Hitze 20 Minuten köcheln lassen. Dabei gelegentlich umrühren.

Anschließend die Mischung aus der Tasse hineingeben und noch einmal durchmischen. Heiß oder lauwarm auftragen.

Beilage:
zu Fleisch- und Gemüsegerichten und Reis

◆ *Die Bohnen verlesen, waschen und abtropfen lassen.*

In einem schweren Topf reichlich 1 Liter Wasser zum Kochen bringen und die Bohnen hineingeben. Bei verringerter Hitze weitere 2 Minuten köcheln lassen. Bei ausgeschalteter Hitze die Bohnen ohne Deckel 1 Stunde ruhenlassen.

Anschließend die Ingwerscheiben zufügen und alles erneut zum Kochen bringen. Nach 10 Minuten auf kleine Hitze verringern und alles bei leicht geöffnetem Deckel 1 weitere Stunde köcheln lassen. Die Ingwerscheiben entfernen.

Die Hälfte der Bohnen an den Topfwänden zerdrücken oder die Hälfte mit der Kochflüssigkeit im Mixer pürieren und das Püree wieder in den Topf zurückgeben. Auf diese Weise erhält das Gericht eine angenehme Konsistenz. Den Zitronensaft, das Garam masala, die Sahne und etwa 1 Teelöffel Salz zugeben, gut untermischen und abschmecken.

In einer kleinen Pfanne das Öl bei mittlerer Wärme erhitzen. Den Kreuzkümmel in das heiße Öl geben. Unmittelbar danach den Knoblauch und den Ingwer zufügen. Unter Rühren dünsten, bis der Knoblauch eine leicht bräunliche Färbung annimmt. Die Chilis zufügen, nochmals umrühren und den Inhalt der Pfanne über die Bohnen geben. Alles gut durchmischen.

Bemerkung:
Die Chilis werden nicht mitgegessen.

Variante:
Die roten Bohnen durch Aduki-Bohnen oder eine Mischung aus gleichen Teilen beider Sorten ersetzen.

Beilage:
zu Rotem Lammfleischtopf (siehe Rezept) und indischem Fladenbrot

Rote Bohnen
Pandjabi radjma

für 4 bis 6 Personen

200 g rote Bohnen$^\diamond$
3 dünne Scheiben ungeschälter Ingwer$^\diamond$
1 ½ EL Zitronensaft
¼ TL Garam masala$^\diamond$ (siehe Rezept)
150 ml Schlagsahne
3 EL Pflanzenöl$^\diamond$ oder Ghi$^\diamond$
½ TL Kreuzkümmelsamen$^\diamond$
1 feingehackte Knoblauchzehe
½ TL feingehackter Ingwer$^\diamond$
2 getrocknete rote Chilis$^\diamond$
Salz

Brot
Roti

Die indische Küche kennt alle möglichen Brot-
arten, die meisten sind ungesäuert und werden
im Norden des Landes zu jeder Mahlzeit gegessen. Viele dieser alltäglichen Brotsorten
bestehen aus einem sehr fein ausgemahlenen
Weizenvollkornmehl, das in Indien *ata* genannt
wird. Weizenmehl der Type 1050 ist wohl das
Mehl, das *ata* am ehesten vergleichbar ist, da
es gerade genug Kleie enthält, um dem Brot
Festigkeit zu geben, ohne daß es zu grobkörnig
ist. In indischen Geschäften ist *ata* durchaus
erhältlich, mitunter auch als Chapati-Mehl
bezeichnet.

Einige indische Brotsorten – *Puri* zum Beispiel – werden in Fett schwimmend ausge-
backen. Für deren Zubereitung eignet sich am
besten ein Karhai, der sehr wenig Öl benötigt
und aus dem kein heißes Öl auf den Herd spritzt.
In einer Pfanne mit hohem Rand lassen sich
diese Brote aber ebenfalls herstellen. Andere
Sorten wie *Chapati,* Fladenbrot, oder *Paratha,*
Geschichtetes Brot, werden auf einer *tava*
gebacken, einem konkaven, gußeisernen Teller.
Eine gußeiserne Pfanne bietet einen hervorra-
genden Ersatz.

Fladenbrot
Chapati

Chapati sind das im Norden Indiens am weitesten verbreitete Fladenbrot. Es wird klein und zierlich, aber auch groß und dick zubereitet.

für etwa 15 Stück

300 g Weizenmehl (Type 1050)
nach Geschmack: Salz

◆ *250 Gramm Mehl in eine Schüssel sieben. Eventuell etwas Salz und nach und nach etwa 175 ml Wasser zugeben. Das Mehl bearbeiten, so daß ein weicher Teig entsteht. Den Teig 6 bis 8 Minuten kneten, bis er glatt ist. In eine Schüssel legen, mit einem feuchten Tuch abdecken und 30 Minuten ruhenlassen.*

Eine indische Tava oder eine gußeiserne Pfanne etwa 10 Minuten bei mittlerer Wärme erhitzen. Wenn die Pfanne sehr heiß ist, auf geringe Hitze bringen.

Die Hände mit Mehl bestäuben und den Teig erneut kneten. In etwa 15 Stücke teilen, die jeweils zu Kugeln geformt werden. Die Arbeitsfläche mit reichlich Mehl bestäuben und die Kugeln nacheinander darauf umherrollen. Eine leichte Mulde in die Kugeln drücken und von der Mitte her ausrollen, bis Fladen von etwa 14 cm Durchmesser entstehen. Dabei häufig mit Mehl bestreuen. Die Fladen aufnehmen und ihn mehrfach von einer Hand in die andere schlagen, um loses Mehl abzuschütteln.

Den ersten Fladen auf die heiße Tava oder in die heiße Pfanne legen und bei schwacher Hitze etwa 1 Minute backen, bis sich an der Unterseite weiße Flecken bilden. Den Fladen mit den Händen oder einer Küchenzange wenden und von der anderen Seite 1/2 Minute backen.

Bei einem Gasherd die Pfanne vom Herd nehmen und den Chapati direkt über die kleine Flamme halten. In Sekundenschnelle wird er sich aufblähen. Bei einem Elektroherd den Chapati ganz kurz unter den vorgeheizten Grill halten. Den Chapati umdrehen und mit der zweiten Seite ebenso verfahren.

Einen großen, tiefen Teller mit einem Tuch auslegen, den Chapati daraufflegen und das Tuch darüber zusammenfalten. Mit den übrigen Fladen auf gleiche Weise verfahren.

Bemerkungen:
▷ *Werden die Chapati übereinandergestapelt, verlieren sie ihre Form, nicht aber ihren Geschmack.*
▷ *Chapati können bis zu einem Tag in den Kühlschrank gestellt oder auch eingefroren werden. Dazu den Stapel in Aluminiumfolie einschlagen. In der Folie im Backofen bei 220° etwa 15 bis 20 Minuten wieder aufwärmen.*

Variante:
Die Oberseite der Chapati mit etwas Butter oder Ghi bestreichen, sobald sie fertig sind.

Geschichtetes Brot
Paratha

für 12 Stück

175 g Weizenmehl (Type 1050)
200 g Weißmehl
etwa 10 EL Pflanzenöl◇ oder
*   geschmolzenes Ghi◇*
Salz

◆ *Die beiden Mehlsorten in eine Schüssel sieben.*
½ Teelöffel Salz und 2 Eßlöffel Öl darübergeben.
Das Öl mit den Fingerspitzen einarbeiten, bis die
Mischung groben Brotkrümeln ähnelt. Nach und
nach 150 bis 200 ml Wasser zugeben und einarbei-
ten, so daß eine weiche Teigkugel entsteht.

Den Teig auf einer sauberen Arbeitsplatte 10 bis
12 Minuten kneten, bis er glatt, geschmeidig, aber
nicht klebrig ist. Den Teig zu einer Kugel formen,
mit ¼ Teelöffel Öl einpinseln und in eine Plastik-
tüte stecken. 30 Minuten ruhenlassen.

Eine große, gußeiserne Pfanne auf mittlere
Hitze bringen. Währenddessen den Teig erneut
durchkneten, in 12 gleichgroße Kugeln teilen und
mit einem Tuch bedecken. Nacheinander zu Fla-
den von etwa 15 cm Durchmesser ausrollen, dabei
Fladen und Arbeitsplatte mit Mehl bestäuben. Die
Oberfläche der Fladen mit ¼ Teelöffel Öl einpin-
seln und einmal zusammenfalten. Die nun oben
liegende Fläche mit ⅛ Teelöffel Öl einpinseln und
nochmals zusammenfalten, so daß ein Dreieck
bzw. ein Viertelkreis entsteht. Dieses Dreieck zu
einem größeren Dreieck von etwa 18 cm Länge aus-
rollen. Dabei den Teig immer wieder mit Mehl
bestäuben.

Die heiße Pfanne mit wenig Öl einpinseln und
die Paratha hineinlegen. 1 Minute braten, bis die
Oberfläche rötlich-goldene Flecken aufweist. Die
Oberfläche großzügig mit 1 Teelöffel Öl einpinseln.
Die Paratha umdrehen und von der anderen Seite
ebenfalls 1 Minute backen. Die Paratha in der
Pfanne hin und her bewegen, damit alle Stellen
gleichmäßig der Hitze ausgesetzt sind.

Die fertige Paratha auf einen Teller legen und
mit einem zweiten Teller oder einem Stück Alumi-
niumfolie zudecken. Mit den restlichen Paratha
auf gleiche Weise verfahren.

Beilage:
zu Gemüsegerichten wie Würzige grüne Bohnen
(siehe Rezept) oder Sauer angemachte Auberginen

(siehe Rezept) und Fleischgerichten wie Huhn in Sahne (siehe Rezept)

Bemerkung:
Paratha können bis zu einem Tag in den Kühlschrank gestellt oder auch eingefroren werden. Dazu den Stapel in Aluminiumfolie einschlagen. In der Folie im Backofen bei 200° etwa 15 bis 20 Minuten wieder aufwärmen.

Hefebrot
Nan

Nan und andere, ähnliche flache Hefe-
teigbrote werden überall zwischen
Kaukasus und Nordwestindien gegessen. Gebacken werden sie in einem
sehr heißen Tandur.

für 6 große Brote

500 g Weißmehl
150 ml handwarme Milch
2 TL Zucker
2 TL Trockenhefe oder
  15 g frische Hefe
1 TL Backpulver
Pflanzenöl◇
150 ml reiner Joghurt◇
1 großes Ei
Salz

◆ Die Milch in eine Schüssel gießen. 1 Teelöffel Zucker und die Hefe dazugeben. Alles miteinander verrühren und 15 bis 20 Minuten zur Seite stellen, bis die Hefe sich aufgelöst hat und die Mischung schaumig wird.

Das Mehl in eine große Schüssel sieben. ½ Teelöffel Salz und das Backpulver zugeben und vermischen. 1 Teelöffel Zucker, die Milch mit der aufgelösten Hefe, 2 Eßlöffel Pflanzenöl, den leicht durchgeschlagenen Joghurt und das leicht geschlagene Ei hinzufügen. Alles miteinander vermischen und eine Teigkugel formen.

Den Teig auf einer sauberen Arbeitsplatte 10 bis 12 Minuten kneten, bis er glatt und geschmeidig ist. Den Teig zu einer Kugel formen. ¼ Teelöffel Öl in eine große Schüssel geben und die Teigkugel darin herumrollen. Die Schüssel mit einem Stück Frischhaltefolie abdecken und 1 Stunde an einem warmen, nicht zugigen Platz gehen lassen, bis der Teig sich verdoppelt hat.

Den Backofen auf höchstmögliche Hitze bringen. Ein schweres Backblech oder eine Backform, die möglichst viel Hitze speichern kann, in den Ofen schieben. Den Grill ebenfalls vorheizen.

Den Teig erneut durchkneten, in 6 gleichgroße Kugeln teilen und mit einem Tuch bedecken. Die erste Kugel zu einem tropfenförmigen Nan ausrollen, der etwa 25 cm lang und an seiner breitesten Stelle etwa 13 cm groß ist.

Das heiße Backblech aus dem Ofen nehmen und den Nan darauf schlagen. Sofort in den Ofen schieben und 3 Minuten erhitzen, bis der Teig aufbläht.

Die Backform knapp 10 cm von der Wärmequelle entfernt unter den Grill stellen und etwa ½ Minute backen, bis die Oberfläche des Nans eine leicht bräunliche Färbung annimmt.

Den fertigen Nan in eine saubere Serviette einschlagen. Mit den restlichen Nan auf gleiche Weise verfahren. Heiß servieren.

Bemerkung:
Die Abfolge von Backofen und Grill kann möglicherweise Schwierigkeiten bereiten und Improvisation erfordern. Sind Ofen und Grill getrennt, sollten Backblech oder Backform in beide passen. Ist der Grill im Ofen integriert, auf die Dauer des Umschaltvorgangs achten und eventuell auch die Backzeiten anpassen.

Variante:
Nan kann auch ohne Ei zubereitet werden. Dann die Joghurtmenge um etwa 4 Eßlöffel erhöhen.

Beilage:
zu fast allen indischen Fleisch- oder Gemüsegerichten

Mungbohnen-Pfann-kuchen mit Erbsen
Gudjarati pure

Mungbohnen-Pfannkuchen sind als Frühstück oder Zwischenmahlzeit in Indien besonders im Westen und Süden verbreitet.

für etwa 9 Stück

5 Stunden vorher beginnen

200 g Mungbohnen◇
50 g entschotete Erbsen
1 Ingwerwurzel◇ (2,5 cm)
2–3 Knoblauchzehen
1–2 scharfe grüne Chilis◇
¼ TL Gelbwurz◇
2 feingehackte kleine Zwiebeln
2 EL feingehackter frischer
   Koriander◇
¼ TL Backsoda
etwa 125 ml Pflanzenöl◇
Salz

◆ Die Mungbohnen verlesen, waschen und ab-seihen. In 1 Liter Wasser 5 Stunden einweichen. Anschließend abseihen.

Die Erbsen 3 bis 4 Minuten in kochendes Was-ser geben, bis sie weich sind. Abgießen und grob hacken.

Den geschälten und gehackten Ingwer, den Knoblauch, die geviertelten Chilis, das Gelbwurz, die abgetropften Mungbohnen, 5 Eßlöffel Wasser und 1 Teelöffel Salz im Mixer mahlen, bis ein glat-ter Teig entsteht. Wenn nötig, wenig Wasser zugie-ßen. Alles weitere 2 bis 3 Minuten mahlen, bis der Teig locker und luftig wird. Den Teig, die Zwiebeln, den Koriander und die Erbsen in eine Schüssel geben und gut miteinander vermischen.

Erst unmittelbar vor dem Backen Backsoda zufügen und untermischen. Eine Bratpfanne von etwa 20 cm Durchmesser mit etwa 1 Teelöffel Öl einpinseln und auf mittlere Hitze erwärmen. Ist das Öl heiß, den Teig umrühren und etwa 50 ml Teig in die Mitte der Pfanne geben. Mit einer Kelle oder einem Suppenlöffel den Teig von der Mitte her in vorsichtigen, gleichmäßigen Spiralbewegungen zum Rand hin streichen und alle Unebenheiten glätten, bis der Pfannkuchen einen Durchmesser von etwa 14 cm hat. 1 Teelöffel Öl über den Pfann-kuchen träufeln und ½ Teelöffel um seinen Rand herum. Die Pfanne abdecken und den Pfann-kuchen 2 Minuten backen, bis die Unterseite eine rötliche Färbung annimmt. Den Deckel abnehmen und den Pfannkuchen wenden. Etwa 1 ½ Minuten backen, bis er kleine rote Flecken aufweist.

Den Pfannkuchen aus der Pfanne nehmen, auf einen Teller legen und mit einem zweiten Teller abdecken. Mit dem restlichen Teig auf gleiche Weise verfahren. Dabei jedesmal umrühren.

Heiß servieren.

Bemerkungen:
▷ Der Teig kann im voraus zubereitet und zuge-deckt bis zu 24 Stunden im Kühlschrank auf-bewahrt werden.

▷ *Die Pfannkuchen können bis zu einem Tag in den Kühlschrank gestellt oder auch eingefroren werden. Dazu den Stapel in Aluminiumfolie einschlagen. In der Folie im Backofen bei 220° etwa 15 Minuten wieder aufwärmen.*

Beilagen:
ein Chutney, frische Buttermilch oder Tee

Ghi

In asiatischen Geschäften ist *Ghi,* eine Art Butterschmalz, fertig zubereitet zu kaufen, es läßt sich jedoch auch selbst herstellen:

In einem kleinen, schweren Topf ein Pfund ungesalzene Butter auf kleiner Flamme schmelzen und auf kleinster Flamme 10 bis 30 Minuten köcheln lassen. Diese Zeit richtet sich nach dem Wassergehalt der Butter. Sobald die weißen, milchigen Ausflockungen sich goldgelb verfärben – das Köcheln muß ständig überwacht werden –, das *Ghi* durch mehrere Lagen Käsetuch oder ein großes Küchentuch seihen. Nach dem Abkühlen das *Ghi* in ein sauberes Gefäß füllen und zudecken. Richtig hergestelltes *Ghi* kann außerhalb des Kühlschranks aufbewahrt werden.

◆ *Die beiden Mehlsorten in eine Schüssel sieben.*
¹/₂ Teelöffel Salz und 2 Eßlöffel Öl darübergeben.
Das Öl mit den Fingerspitzen einarbeiten, bis die
Mischung groben Brotkrümeln ähnelt. Nach und
nach 6 Eßlöffel Wasser zugeben und einarbeiten,
so daß eine weiche Teigkugel entsteht.

Den Teig auf einer sauberen Arbeitsplatte 10 bis
12 Minuten kneten, bis er glatt, geschmeidig, aber
nicht klebrig ist. Den Teig zu einer Kugel formen,
mit ¹/₄ Teelöffel Öl einpinseln und in eine Plastik-
tüte stecken. 30 Minuten ruhenlassen.

Anschließend den Teig erneut durchkneten, in
12 gleichgroße Kugeln teilen und mit einem Tuch
bedecken. Nacheinander zu Fladen von etwa 14 cm
Durchmesser ausrollen, dabei Fladen und Arbeits-
platte mit Mehl bestäuben. Falls genügend Platz
vorhanden, alle Kugeln ausrollen, nebeneinander
legen und mit Frischhaltefolie abdecken.

Öl etwa 2,5 cm hoch in einen Karhai, einen Wok
oder eine kleine Fritierpfanne geben und bei mittle-
rer Flamme auf höchstmögliche Hitze bringen. Den
ersten Fladen nehmen und ihn vorsichtig auf die
Oberfläche des heißen Öls legen, um Spritzer zu
vermeiden. Er könnte auf den Boden sinken, sollte
aber in Sekundenschnelle wieder auftauchen und
zu brutzeln beginnen. Mit einem Bratenwender den
Fladen sanft, aber mit schneller Bewegung in das
Öl drücken. Innerhalb von Sekunden wird er sich
aufblähen. Den Fladen an den Rand der Pfanne
schieben und umdrehen, um Spritzer zu vermeiden.
Von der anderen Seite etwa 10 Sekunden lang
backen.

Herausnehmen und auf eine mit saugfähigem
Papier ausgelegte Fläche legen. Mit den restlichen
Fladen auf gleiche Weise verfahren. Die erste Lage
mit saugfähigem Papier abdecken, so daß weitere
Ballonbrote darübergelegt werden können. Heiß
servieren.

Beilage:
zu fast allen indischen Fleisch-, Gemüse- und Hül-
senfruchtgerichten

Ballonbrot
Puri

für 12 Stück

100 g Weizenmehl (Type 1050)
100 g Weißmehl
Pflanzenöl◇
Salz

Reis

Chawal

Reis ist vermutlich das vielseitigste Korn der Welt, denn er läßt sich mit fast allen Gewürzen zusammen kochen und mit jedem Gemüse, mit Hülsenfrüchten oder Fleisch kombinieren.

Es gibt verschiedene Möglichkeiten, Reis zuzubereiten: Man kann ihn wie Nudeln in reichlich Wasser sprudelnd kochen, bis er halb fertig ist, ihn anschließend abseihen und langsam im Backofen garquellen lassen. Wird Reis allein auf dem Herd gekocht, benötigt er die genau bemessene Menge Wasser, das er in sich aufsaugt. Leider finden sich auf Reispackungen oft ungenaue Angaben, die wesentlich mehr Wasser als tatsächlich erforderlich vorschreiben, so daß der Reis oft breiig wird. Reis läßt sich aber auch mit genau der zum Absorbieren benötigten Menge Wasser auf dem Herd kochen und wird anschließend in den Backofen gegeben.

Bei der Zubereitung von Reis ist auf folgendes zu achten:

▷ Unerläßlich ist ein schwerer Topf aus rostfreiem Stahl, aus verzinktem Kupfer oder emailliertem Gußeisen, der einen dicht schließenden Deckel hat. Falls der Deckel nicht dicht genug schließt, den Topf zunächst mit einem Stück Aluminiumfolie abdecken, das am Rand umgeschlagen wird, und anschließend mit dem Deckel. Sobald zuviel Dampf entweicht, kocht der Reis ungleichmäßig.

▷ Vor dem Kochen den Reis in mehrfach gewechseltem Wasser waschen, um das Stärkemehl zu beseitigen, das noch vom Mahlprozeß zurückgeblieben ist. Den Reis anschließend etwa 30 Minuten einweichen, so daß jedes Korn Wasser aufsaugen kann. Auf diese Weise kleben die Körner beim Kochen weniger aneinander.

▷ Soll der Reis mit genau der Menge Wasser oder Brühe gekocht werden, die er absorbiert, empfiehlt sich das Abmessen in einem Meßbecher aus Glas oder durchsichtigem Kunststoff. Auf einen Teil Reis kommen nie mehr als

1 ½ Teile Flüssigkeit. Wurde der Reis eingeweicht, ändert sich das Verhältnis in 1 ⅓ Teile
Flüssigkeit auf einen Teil Reis.

▷ Um zu verhindern, daß die Körner aneinander kleben, kann Reis auch sautiert (kurz
angebraten) werden, bevor Flüssigkeit zugegeben wird. Dies sollte vorsichtig geschehen, denn
einige Reissorten wie etwa Duftreis sind sehr
fein, vor allem dann, wenn sie zuvor eingeweicht
worden sind. Bei zu heftigem Sautieren brechen
die Körner in kleine Stücke auseinander.

▷ Ist der Reistopf einmal zugedeckt, sollte der
Reis bei minimaler Hitze garen. Läßt sich eine
solch schwache Hitze nicht einstellen, den Reis
in einem backofenfesten Topf, der gut verschlossen wurde, 25 Minuten in den auf 170°
vorgeheizten Ofen geben.

▷ Vor dem Ende der Kochzeit den Deckel
nicht abnehmen, da sonst wertvoller Dampf
entweicht und der Reis ungleichmäßig kocht.

▷ Wird die oberste dünne Reisschicht nicht
ganz gar, so schließt der Deckel nicht dicht
genug. Dies läßt sich korrigieren, indem der
noch nicht ganz fertige Reis mit etwas garem
Reis vom Topfboden vorsichtig überdeckt
wird. Ein oder zwei Eßlöffel Wasser in den
Topf geben, den Topf mit Aluminiumfolie und
Deckel abdichten und den Reis weitere 10 Minuten bei sehr schwacher Hitze garen.

▷ Den gekochten Reis mit einem großen
Schaumlöffel aus dem Topf heben. Den Reis
schichtweise vorsichtig abschöpfen, auf eine
Platte legen und mit dem Löffel etwaige Reis-
klumpen vorsichtig zerdrücken.

In den folgenden Rezepten werden zwei
Reissorten verwendet: Langkornreis, der als
Patna oder amerikanischer Langkornreis im
Handel zu finden ist, und Duftreis. Der beste
Duftreis kommt aus Indien und Pakistan und
wächst auf den Hügeln am Fuße des Himalaya.
Obwohl auch er ein Langkornreis ist, sind seine
Körner schlanker und zierlicher als der amerika-

nische, von natürlichem Aroma und um einiges teurer. Der beste Duftreis wird vor dem Verkauf ein Jahr gelagert, um sein ungewöhnliches, nußartiges Aroma zu verstärken. Während abgepackter Reis nicht gewaschen und verlesen werden muß – obwohl das Waschen ihm eine bessere Konsistenz verschafft –, sollte Duftreis unbedingt vor dem Kochen verlesen, gewaschen und eingeweicht werden, da sich in ihm oft Steinchen und andere Verunreinigungen finden.

Zum Verlesen den Reis an den Rand einer großen Platte schütten. Zur anderen Seite hin verlesen, dabei die Körner sorgfältig in Augenschein nehmen und alle Fremdkörper zur Seite schieben.

Zum Waschen der Körner den verlesenen Reis in eine große Schüssel geben. Die Schüssel mit kaltem Wasser füllen und den Reis sacht darin herumwirbeln. Das Wasser wird dabei vom Reismehl trüb. Das Wasser vorsichtig abgießen und dabei den Reis mit der freien Hand zurückhalten. Dies fünf- bis sechsmal wiederholen, bis fast klares Wasser zurückbleibt.

Zum Einweichen die Schüssel erneut mit Wasser füllen und den Reis 20 oder 30 Minuten darin ruhenlassen. Anschließend in einem Sieb abseihen. Der Reis sollte mindestens 20 Minuten im Sieb liegenbleiben, damit er vor dem Kochen trocknet.

Elektrischer Reiskocher

Wer häufig große Mengen Reis kocht, wird einen elektrischen Reiskocher als nützlich empfinden. Er besteht aus einer großen, bedeckten Pfanne, die sich über einer elektrischen Hitzequelle befindet. Hat der Reis das Wasser aufgesogen, so schaltet sich der Kocher automatisch ab und hält den Reis einige Stunden lang warm. Diese Form der Zubereitung und die benötigten Wassermengen stimmen mit der konventionellen Art des Reiskochens überein.

Pfannen

Pfannen aus Aluminium-Grauguß oder aus Gußeisen können ohne Öl oder Wasser erhitzt werden. Kleine Pfannen von etwa 13 Zentimeter Durchmesser werden benutzt, um Gewürze zu rösten und *baghaar* herzustellen, also kleinere Mengen von Gewürzen in Öl zu braten. Größere Pfannen eignen sich hervorragend zur Zubereitung indischer Fladenbrote wie *Chapati* oder *Paratha*. In Indien werden sie auf einer *tava* gebacken, einer runden, leicht nach innen gewölbten gußeisernen Platte, ähnlich der, die für die Zubereitung von Crepes notwendig ist. Eine große gußeiserne Pfanne ist der beste Ersatz.

◆ Den Reis, 700 ml Wasser, die Butter und 1 Teelöffel Salz in einen schweren Topf geben und aufkochen. Den Topf dicht verschließen und alles bei minimaler Hitze ungestört 25 Minuten garen.

Die Hitze ausschalten und den Topf zugedeckt weitere 5 Minuten ruhenlassen.

Einfacher Reis
Sade chawal

für 4 bis 6 Personen

400 ml Langkornreis
nach Geschmack:
10 g Butter
Salz

◆ Den Reis in eine Schüssel geben und waschen. Dabei das Wasser mehrmals wechseln und den Reis anschließend abseihen. 30 Minuten in 1 ¼ Liter Wasser einweichen und wiederum abseihen.

Den Reis, reichlich ½ Liter Wasser und 1 Teelöffel Salz in einen schweren Topf geben und aufkochen. Den Topf gut verschließen und alles bei minimaler Hitze 25 Minuten garen.

Den Topf vom Herd nehmen und zugedeckt weitere 10 Minuten ruhenlassen.

Langkornreis
Barhiya chawal

für 4 bis 6 Personen

400 ml Langkornreis
Salz

◆ Den Reis in eine Schüssel geben und waschen. Dabei das Wasser mehrmals wechseln. Anschließend gründlich abtropfen lassen.

In einem großen Topf etwa 3 Liter Wasser und 1 Eßlöffel Salz aufwallen lassen. Den Reis gleichmäßig und ohne Unterbrechung in das kochende Wasser einrühren und 7 Minuten wallend kochen.

Den Reis abseihen und rasch in einen feuerfesten Topf geben. Die Butter darauflegen und den Topf dicht verschließen. Im auf 150° vorgeheizten Backofen etwa 35 Minuten garen.

Vor dem Servieren vorsichtig durchrühren.

Flockiger Reis auf südindische Art
Dakshini chawal

In Südindien wird Reis grundsätzlich in Gefäßen, die einen weiten und runden Boden haben und sich nach oben verjüngen, mit viel Wasser angekocht *(parboiled)*. Wenn der Reis fast gar ist, wird ein Tuch über die Topföffnung gespannt und alles restliche Wasser abgeseiht. Der Topf wird schräg gelegt, so daß er mit seinem Bauch auf einem sehr schwachen Feuer zu liegen kommt. Einige Stücke Holzkohle werden auch auf seine Oberseite gelegt, um die Reiskörner zu trocknen.

für 4 bis 6 Personen

400 ml Langkornreis
nach Geschmack:
25–50 g Butter
Salz

Duftreis
Basmati chawal

für 6 Personen

400 ml Duftreis
10 g Butter
Salz

◆ Den Reis verlesen, in eine Schüssel geben und waschen. Dabei das Wasser mehrmals wechseln und den Reis anschließend abseihen. 30 Minuten in 1 1/4 Liter Wasser einweichen und wiederum abseihen.

Den Reis, die Butter, reichlich 1/2 Liter Wasser und 3/4 Teelöffel Salz in einen schweren Topf geben und aufkochen. Den Topf gut verschließen und alles bei minimaler Hitze 20 Minuten garen.

Den Deckel abnehmen und den Reis mit einer Gabel schnell, aber vorsichtig durchmischen. Zudecken und alles weitere 5 bis 10 Minuten kochen, bis der Reis weich ist.

Würziger Duftreis
Masaledar basmati

für 6 Personen

400 ml Duftreis
3 EL Pflanzenöl◇
2 feingehackte kleine Zwiebeln
1/2 feingehackter grüner Chili◇
1/2 TL sehr fein gehackter
    Knoblauch
1/2 TL Garam masala◇
    (siehe Rezept)
reichlich 1/2 l Hühnerbrühe
Salz

◆ Den Reis verlesen, in eine Schüssel geben und waschen. Dabei das Wasser mehrmals wechseln und den Reis anschließend abseihen. 30 Minuten in 1 1/4 Liter Wasser einweichen. Anschließend in einem Sieb 20 Minuten abtropfen lassen.

In einer Saucenpfanne mit schwerem Boden das Öl bei mittlerer Wärme erhitzen. Die Zwiebeln in das heiße Öl geben und umrühren, bis sie eine leicht bräunliche Farbe annehmen. Den Reis, den Chili, den Knoblauch, das Garam masala und 1 Teelöffel Salz zugeben. Falls die Hühnerbrühe nicht gesalzen ist, etwas mehr Salz beigeben. Vorsichtig 3 bis 4 Minuten rühren, bis die Reiskörner mit Öl überzogen sind. Falls der Reis anfängt, am Boden der Pfanne haftenzubleiben, die Hitze etwas verringern.

Die Hühnerbrühe in die Pfanne gießen und den Reis zum Kochen bringen. Die Pfanne gut abdecken und den Reis 25 Minuten bei minimaler Hitze auf dem Herd oder im auf 170° vorgeheizten Backofen kochen.

Beilage:
zu indischen wie europäischen Gerichten, etwa Lammbraten oder Brathähnchen

◆ In einem schweren Topf die Butter bei mittlerer Hitze schmelzen. Die Zwiebeln hineingeben und rühren, bis sie fast glasig sind. Sie dürfen keinesfalls braun werden. Den Reis und 1 Teelöffel Salz in den Topf geben und vorsichtig 1 Minute umrühren. 700 ml Wasser hineingießen und zum Kochen bringen. Den Topf gut verschließen und alles bei minimaler Hitze 25 Minuten garen.

Beilage:
zu indischen wie europäischen Gerichten

Butterreis mit Zwiebeln
Pyadj wale basmati chawal

für 6 Personen

400 ml Langkornreis
50 g Butter
2 gehackte Zwiebeln
Salz

◆ Den Reis in eine Schüssel geben und waschen. Dabei das Wasser mehrmals wechseln und den Reis anschließend abseihen. 30 Minuten in 1 ¼ Liter Wasser einweichen und wiederum abseihen.

In einem schweren Topf das Öl bei mittlerer Wärme erhitzen. Den Kreuzkümmel in das heiße Öl geben und einige Male umrühren. Die Zwiebeln zugeben und rühren, bis sie braune Flecken aufweisen. Die Erbsen, den Reis und 1 Teelöffel Salz zugeben und 3 bis 4 Minuten vorsichtig rühren, bis Erbsen und Reis sich mit Öl überzogen haben.

Reichlich ½ Liter Wasser zugießen und zum Kochen bringen. Den Topf gut verschließen und alles bei minimaler Hitze 25 Minuten garen.

Die Hitze ausschalten und den Topf zugedeckt weitere 5 Minuten ruhenlassen.

Vor dem Servieren vorsichtig durchrühren.

Variante:
Die frischen Erbsen durch tiefgefrorene ersetzen.

Reis mit Erbsen
Tahiri

für 6 Personen

400 ml Langkornreis
3 EL Pflanzenöl◇
1 TL Kreuzkümmelsamen◇
2 feingehackte Zwiebeln
150–175 g frische Erbsen
Salz

Reis mit gelben Schälerbsen
Khili hui khichri

Der Ursprung von *khichri* liegt weit zurück und wird schon in Reisebeschreibungen erwähnt, die über tausend Jahre alt sind. Wahrscheinlich ist *khichri* sogar noch älter als diese Berichte. Es besteht in der Hauptsache aus Reis und Hülsenfrüchten, die zusammen gekocht werden, und wird in den meisten indischen Haushalten in einer der beiden Formen, der »feuchten«, breiartigen, und der »trockenen«, körnigen, serviert. Dieses Rezept hier ergibt ein »trockenes«, das als *Khili hui khichri* oder »Blühendes Khichri« bezeichnet wird. Es hat die Konsistenz von fachgerecht zubereitetem Reis.

für 6 Personen

3 Stunden vorher beginnen

400 ml Langkornreis
50 g gelbe Schälerbsen◇
3 EL Pflanzenöl◇ oder Ghi◇
½ TL Kreuzkümmelsamen◇
½ TL Garam masala◇
(siehe Rezept)
4 EL feingehackter frischer
Koriander◇
reichlich ½ l Hühnerbrühe
Salz

◆ *Die Schälerbsen verlesen, waschen und abseihen. 3 Stunden in knapp ½ Liter Wasser einweichen und erneut abseihen.*

Den Reis in eine Schüssel geben und waschen. Dabei das Wasser mehrmals wechseln und anschließend abseihen. Den Reis 1 Stunde in 1 ¼ Liter Wasser einweichen und wiederum abseihen.

In einem schweren Topf das Öl bei mittlerer Wärme erhitzen. Den Kreuzkümmel in das heiße Öl geben und einige Sekunden umrühren. Die Schälerbsen und den Reis hineingeben und 2 bis 3 Minuten rühren, bis die Körner mit dem Öl überzogen sind. Das Garam masala, 1 Teelöffel Salz und den Koriander zugeben. Falls die Hühnerbrühe nicht gesalzen ist, etwas mehr Salz beigeben. Etwa 1 Minute umrühren. Die Hühnerbrühe zugießen und aufkochen. Den Topf gut verschließen und alles bei minimaler Hitze 25 Minuten garen.

Die Hitze ausschalten und den Topf zugedeckt weitere 10 Minuten ruhenlassen.

Vor dem Servieren mit einer Gabel vorsichtig durchrühren.

Varianten:
▷ *Den Koriander durch großblättrige Petersilie ersetzen.*
▷ *Statt der Hühnerbrühe Wasser verwenden.*

Beilage:
zu Rotem Lammfleischtopf (siehe Rezept) und Zwiebel-Dip (siehe Rezept)

◆ *Den Reis in eine Schüssel geben und waschen. Dabei das Wasser mehrmals wechseln und den Reis anschließend abseihen. 30 Minuten in 1 1/4 Liter Wasser einweichen. Anschließend in einem Sieb 20 Minuten abtropfen lassen.*

Die Kartoffeln schälen, die Möhre schaben und beides in Würfel von etwa 1/2 cm Größe schneiden. Die Bohnen putzen und quer in Stücke von ebenfalls etwa 1/2 cm Größe schneiden.

In einem schweren Topf das Öl bei mittlerer Wärme erhitzen. Die Kreuzkümmelsamen in das heiße Öl geben und 5 bis 6 Sekunden brutzeln lassen. Die Kartoffeln, die Möhre und die Bohnen in den Topf geben und alles 1 Minute umrühren.

Die Hitze verringern und den Reis, das Gelbwurz, den gemahlenen Kreuzkümmel, den gemahlenen Koriander, den Cayennepfeffer, den Chili, den frischen Koriander, den Ingwer, den zerdrückten Knoblauch und 1 1/4 Teelöffel Salz hinzufügen. Alles 2 bis 3 Minuten anbraten und umrühren.

Reichlich 1/2 Liter Wasser in den Topf gießen und aufkochen. Den Topf gut verschließen und alles bei minimaler Hitze 25 Minuten garen. Die Hitze ausschalten und den Topf zugedeckt weitere 10 Minuten ruhenlassen.

Beilage:
zu Schwarzaugenbohnen mit Pilzen (siehe Rezept) und einem Joghurt-Gericht; zu allen Fleischgerichten

Reisgericht mit Gemüse
Sabdji pullao

für 6 Personen

400 ml Langkornreis
100 g Kartoffeln
1/2 mittelgroße Möhre
(etwa 40 g)
40 g frische grüne Bohnen
4 EL Pflanzenöl◇
1 TL Kreuzkümmelsamen◇
1/2 TL Gelbwurz◇
1 TL gemahlener
Kreuzkümmel◇
1 TL gemahlene
Koriandersamen◇
1/4 TL Cayennepfeffer◇
1/2 feingehackter scharfer
grüner Chili◇
2 EL sehr fein gehackter
frischer Koriander◇
1/2 TL sehr fein geriebener
Ingwer◇
1 Knoblauchzehe
Salz

Reisgericht mit Pilzen
Khumbi pullao

für 6 Personen

400 ml Langkornreis
150 g Zuchtpilze
2 kleine Zwiebeln
3 EL Pflanzenöl◇
1 feingehackte Knoblauchzehe
½ TL feingeriebener Ingwer◇
¼ TL Garam masala◇
(siehe Rezept)
Salz

◆ *Den Reis in eine Schüssel geben und waschen. Dabei das Wasser mehrmals wechseln und den Reis anschließend abseihen. 30 Minuten in 1 ¼ Liter Wasser einweichen und wiederum abseihen.*

Die Pilze mit einem feuchten Tuch säubern und längs in Scheiben von etwa 3 mm Dicke schneiden.

Die Zwiebeln der Länge nach halbieren und die Hälften quer in sehr dünne Scheiben schneiden.

In einem schweren Topf das Öl bei mittlerer Wärme erhitzen. Die Zwiebeln und den Knoblauch in das heiße Öl geben und etwa 2 Minuten anbraten. Dabei ständig umrühren, bis die Ränder der Zwiebeln braun werden.

Die Pilze hinzufügen und weitere 2 Minuten umrühren. Den Reis, den Ingwer, das Garam masala und 1 Teelöffel Salz zugeben. Die Hitze verringern und alles 2 Minuten durchrühren.

Reichlich ½ Liter Wasser zugießen und zum Kochen bringen. Den Topf gut verschließen und alles bei minimaler Hitze 25 Minuten garen.

Die Hitze ausschalten und den Topf zugedeckt weitere 5 Minuten ruhenlassen.

Variante:
Die Zuchtpilze durch selbst gepflückte und der Länge nach durchgeschnittene Morcheln ersetzen.

Beilage:
zu fast allen indischen Fleischgerichten; zu gebratener Lammkeule oder Lammsteaks

Delhi:
Straßenverkäufer

Bombay: Verkaufs-
stand mit Nüssen

Meerut:
Gemüsemarkt

Meerut: Ein LKW
mit Bananen
wird entladen

Baum mit
Jackfrüchten

◆ Den Reis in eine Schüssel geben und waschen. Dabei das Wasser mehrmals wechseln und den Reis anschließend abseihen. 30 Minuten in 1 ¼ Liter Wasser einweichen und anschließend in einem Sieb abtropfen lassen.

Den Reis, das Gelbwurz, die Nelken, den Zimt, die Lorbeerblätter, reichlich ½ Liter Wasser und 1 ¼ Teelöffel Salz in einen schweren Topf geben und zum Kochen bringen. Den Topf gut verschließen und alles bei minimaler Hitze 25 Minuten garen.

Die Hitze ausschalten und den Topf zugedeckt weitere 10 Minuten ruhenlassen. Die in Flöckchen zerschnittene Butter zugeben und mit einer Gabel vorsichtig untermischen. Die nicht zerkochten Gewürze vor dem Servieren entfernen.

Beilage:
zu Huhn in süßer Pfeffersauce (siehe Rezept) und Grünen Bohnen auf Gujarat-Art (siehe Rezept)

Aromatischer gelber Reis
Pile chawal

für 6 Personen

400 ml Langkorn- oder
    Duftreis
¾ TL Gelbwurz◇
3-4 Nelken◇
1 Stück Zimt◇ (2,5 cm)
3 Lorbeerblätter
3 EL Butter
Salz

Lamm-Reistopf
Mughlai lamb birjani

Birjani sind große Kasserollen, in denen halbgarer Reis über geschmortes Fleisch geschichtet wird. Darüber wird orangefarbige Safranmilch geträufelt, so daß einige Körner gelb gefärbt werden, während die anderen weiß bleiben. Anschließend wird das Gericht zum langsamen Garen in den Backofen gestellt. Während der Garzeit durchzieht der Safranduft den *birjani*.

für 6 Personen

2 Stunden vorher beginnen

400 ml Langkornreis
1 TL Safranfäden◇
2 EL warme Milch
3 Zwiebeln
4 EL Mandeln
4 Knoblauchzehen
1 Ingwerwurzel◇ (2 cm)
13 EL Pflanzenöl◇
3 EL Sultaninen
700 g Lammschulter
   ohne Knochen
200 ml Joghurt◇
5–6 Nelken◇
¹/₂ TL schwarze Pfefferkörner
¹/₂ TL Kardamomsamen◇
1 TL Kreuzkümmelsamen◇
1 TL gemahlene
   Koriandersamen◇
1 Stück Zimt◇ (2,5 cm)
etwa ¹/₆ Muskatnuß◇
¹/₄ TL Cayennepfeffer◇
25 g Butter
3 hartgekochte Eier
Salz

◆ *Den Reis in eine Schüssel geben und waschen. Dabei das Wasser mehrmals wechseln und den Reis anschließend abseihen. Den Reis und 1 Teelöffel Salz vermischen, alles 3 Stunden in 2 Liter Wasser einweichen und wiederum abseihen.*

Die Safranfäden in eine kleine, gußeiserne Pfanne geben und bei mittlerer Hitze auf den Herd stellen. Dabei die Safranfäden bewegen, bis sie eine dunklere Schattierung annehmen. Die warme Milch in eine kleine Tasse gießen, die Safranfäden darin zerkrümeln und 3 Stunden einweichen.

Nach 2 Stunden 2 Zwiebeln der Länge nach halbieren und die Hälften quer in feine Halbringe schneiden, die dritte Zwiebel fein hacken. Die Mandeln blanchieren und hobeln.

Die gehackte Zwiebel, den Knoblauch, den geschälten und grobgehackten Ingwer und 2 Eßlöffel Mandelscheiben mit 3 Eßlöffel Wasser im Mixer mahlen, bis eine Paste entsteht.

In einer Pfanne von etwa 25 cm Durchmesser 6 Eßlöffel Öl bei mittlerer Wärme erhitzen. Die Zwiebelringe in das heiße Öl geben und umrühren, bis sie braun und knusprig sind. Mit einem Schaumlöffel herausheben und auf einem mit saugfähigem Papier ausgelegten Teller verteilen. Den Teller zur Seite stellen.

Die Sultaninen in das heiße Öl geben. In Sekundenschnelle werden sie anschwellen. Herausnehmen und auf einen zweiten mit saugfähigem Papier ausgelegten Teller legen. Die restlichen 2 Eßlöffel Mandelscheiben in das Öl geben und durchrühren, bis sie goldgelb sind. Mit einem Schaumlöffel herausheben und neben den Sultaninen ausbreiten. Den Teller zur Seite stellen.

Das Fleisch in Würfel von etwa 2,5 cm Größe schneiden. Soviele Fleischwürfel in das heiße Öl geben, wie die Pfanne in einer Lage locker fassen kann, und von allen Seiten bräunen. Anschließend in eine Schüssel geben. Mit den restlichen Fleischwürfeln auf gleiche Weise verfahren.

Die verbliebenen 7 Eßlöffel Öl in die Pfanne geben und auf mittlere Hitze bringen. Die Paste aus dem Mixer in das heiße Öl geben und stetig rühren, bis sie eine mittelbraune Färbung annimmt. Wenn sie leicht anbackt, wenig Wasser darübersprengen und weiterrühren.

Das Fleisch mit dem Saft, der sich in der Schüssel angesammelt hat, wieder in die Pfanne geben. Den Joghurt eßlöffelweise einrühren. 1 1/4 Teelöffel Salz und 150 ml Wasser zugeben. Alles vermischen und zum Sieden bringen. Bei schwacher Hitze abgedeckt 30 Minuten köcheln lassen.

Währenddessen die Nelken, die Pfefferkörner, den Kardamom, den Kreuzkümmel, den Koriander, den Zimt und die Muskatnuß in einer saubeeren Kaffee- oder Gewürzmühle fein mahlen.

Nach Ablauf der Garzeit alle Gewürze aus der Mühle mit dem Cayennepfeffer in die Pfanne geben und gut durchmischen. Die Pfanne wieder abdecken und alles bei schwacher Hitze weitere 30 Minuten garen.

Anschließend abdecken, auf mittlere Hitze bringen und unter stetigem Rühren kochen, bis noch etwa 200 ml dicker Sauce in der Pfanne sind. Den Herd ausschalten und so viel Fett wie möglich abschöpfen. Das Fleisch sollte zu diesem Zeitpunkt fast gar sein.

Das Fleisch und die Sauce auf dem Boden einer schweren Kasserolle verteilen. Zudecken und warmstellen. Den Backofen auf 150° vorheizen.

In einem großen Topf 3,5 Liter Wasser wallend aufkochen und 1 1/2 Eßlöffel Salz hineingeben. Den Reis abseihen und unter fließendem Wasser abspülen. Langsam in das kochende Wasser einstreuen und 6 Minuten sprudelnd kochen. Anschließend den Reis abseihen.

Die nächsten Arbeitsschritte in schneller Folge vornehmen: Den Reis auf dem Fleisch zu einem Hügel auftürmen und in der Mitte mit einem Eßstäbchen oder dem Stiel eines langen Löffels ein etwa 2,5 cm großes Luftloch freilassen. Die Safranmilch auf den Reishügel träufeln und Butterflöckchen und 2 Eßlöffel gebräunte Zwiebeln darauf verteilen.

Die Kasserolle mit Aluminiumfolie und Deckel abdichten und 1 Stunde im Backofen garen.

Anschließend die Kasserolle aus dem Backofen nehmen. An einem warmen Ort bleibt dieses Reisgericht 30 Minuten lang heiß.

Den Inhalt des Reistopfes vorsichtig durchmischen. Vor dem Servieren die Eier der Länge nach vierteln. Mit den Eiern, den restlichen gebräunten Zwiebeln, den Sultaninen und den Mandeln garnieren und auf einer vorgewärmten Platte servieren.

Variante:
Die Safranfäden und die warme Milch durch 1 Teelöffel flüssige gelbe Speisefarbe und 1 Teelöffel Wasser ersetzen.

Beilagen:
Joghurt mit Auberginen (siehe Rezept) oder ein anderes Joghurtgericht und Dip aus Tomaten, Zwiebeln und Koriander (siehe Rezept) oder ein anderer Dip; bei festlichen Gelegenheiten: Huhn in süßer Pfeffersauce (siehe Rezept) und Blumenkohl mit Zwiebeln und Tomaten (siehe Rezept)

◆ In einer kleinen, schweren Pfanne den Safran bei mittlerer Hitze umrühren, bis die Fäden eine Schattierung dunkler geworden sind. Die Milch in eine kleine Tasse gießen und den Safran hineinkrümeln. Die Tasse 3 Stunden zur Seite stellen.

Den Reis in eine Schüssel geben und waschen. Dabei das Wasser mehrmals wechseln und den Reis anschließend abseihen. In 1 1/4 Liter Wasser 30 Minuten einweichen. Anschließend 20 Minuten abtropfen lassen. Die Mandeln blanchieren und hobeln. Den Backofen auf 150° vorheizen.

In einem schweren feuerfesten Topf das Ghi bei mittlerer Wärme erhitzen. Den Kardamom und den Zimt in das heiße Fett geben und einmal umrühren. Den Reis hineingeben und unter vorsichtigem Rühren 3 Minuten sautieren. Die Hitze etwas verringern, wenn der Reis anzubacken droht. 1/4 Liter Wasser, die Speisefarbe und 1/2 Teelöffel Salz zugeben und alles wieder auf mittlere Hitze bringen. Den Reis vorsichtig umrühren, bis das ganze Wasser absorbiert ist. Die Safranmilch, die Mandeln, die Sultaninen und den Zucker hineingeben. Alles vermischen, den Topf gut verschließen und 30 Minuten in den vorgeheizten Backofen stellen.

Anschließend aus dem Ofen nehmen und alles nochmals gut durchmischen. Vor dem Servieren die Kardamomkapseln und den Zimt entfernen.

Beilage:
zu scharfen, würzigen indischen Gerichten; zu Schinken oder gebratener Gans

Variante:
Statt des in Milch aufgelösten Safrans insgesamt 3/4 Teelöffel gelbe Speisefarbe zugeben.

Süßer gelber Reis
Mitha pullao

für 4 Personen
3 Stunden vorher beginnen

1/2 TL Safranfäden
2 EL warme Milch
200 ml Duftreis
15 g Mandeln
50 g Ghi◇ oder
    ungesalzene Butter
4 Kardamomkapseln◇
1 Stück Zimt◇ (2,5 cm)
1/4 TL gelbe Speisefarbe
1 EL Sultaninen
nach Geschmack: 90 g Zucker
Salz

Dips, Chutneys, Pickles

Chatni, Atchar

175

Zu indischen Gerichten gehören eine Vielzahl würziger Beilagen. Sie sollen nicht nur den Gaumen durch den deutlichen Gegensatz von süßem, saurem, scharfem und salzigem Geschmack reizen, sondern auch für die Ausgewogenheit von Eiweiß und Vitaminen sorgen.

Diese Beilagen können schnell zubereitet werden – wie mit Cayennepfeffer und Zitronensaft, Salz und Pfeffer gewürzte Gurkenstücke oder gehackte Zwiebeln mit Tomaten – oder Wochen und Monate zum Reifen benötigen wie sauer Eingelegtes.

Einige Beilagen, beispielsweise Frisches Koriander-Chutney oder der Möhrensalat auf Gujarat-Art, sollten innerhalb von 48 Stunden verzehrt werden, andere wie das Chutney aus Äpfeln, Pfirsichen und Aprikosen oder der sauer eingelegte Blumenkohl mit weißem Rettich lassen sich bis zu einem Jahr aufbewahren.

Joghurt-Dips finden als Beilagen Verwendung, können aber auch ein eigenständiges Gericht darstellen. Ob Minze oder Kartoffeln, nahezu jedes Kraut oder Gemüse läßt sich mit Joghurt kombinieren. Zu einer indischen Mahlzeit gehört fast immer ein Joghurt-Dip, der für einen kühlenden Ausgleich sorgt.

Joghurt
Dahi

Joghurt wird in Indien zum Marinieren von Fleisch verwendet: Als säuerlich-sahnige Würze oder als Bestandteil von Saucen verleiht er dem Fleisch eine größere Zartheit. Da Joghurt viel Eiweiß enthält, wird er fast bei jeder Mahlzeit gegessen, in reiner Form oder mit Gewürzen und Gemüsen vermischt. Er ist leichter verdaulich als Milch und gilt als Nahrungsmittel, das dem Magen wohltut, besonders in der Kombination mit einfachem Reis.

Für die folgenden Rezepte sollte nur Joghurt benutzt werden, der keine Stabilisatoren oder Bindemittel enthält und am besten aus naturbelassener Vollmilch hergestellt wurde.

Um Joghurt selbst herzustellen, braucht man Milch – entrahmte oder Vollmilch – und einen »Anreger« in Form übriggebliebenen Joghurts. Die zum Reifen notwendige Temperatur von 30 bis 38 Grad Celsius läßt sich mit einer Wolldecke, in einem warmen Schrank in der Nähe der Heizung oder im Backofen bei angeschalteter Kontrolleuchte erreichen.

◆ *In einem schweren Topf die Milch aufkochen. Sobald sie hochsteigt, den Topf vom Herd nehmen. Die Milch auf 43° bis 38° abkühlen lassen, bis sie sich handwarm anfühlt. Wenn sich eine Haut auf der Oberfläche bildet, diese einrühren.*

Den Joghurt in einer nichtmetallenen Schüssel mit einem Fassungsvermögen von 1 ¼ Liter mit einem Schneebesen schlagen, bis er glatt und cremig ist. Die warme Milch unter Rühren nach und nach vorsichtig zugießen. Die Schüssel abdecken und in eine Wolldecke einschlagen, dabei gerade halten. An einem warmen, vor Zugluft geschützten Platz 6 bis 8 Stunden ruhen lassen, bis der Joghurt gereift ist.

Bemerkung:
Im Kühlschrank läßt sich der Joghurt vier bis fünf Tage aufbewahren.

◆ *Den Joghurt in einer Schüssel mit einer Gabel oder einem Schneebesen leicht schlagen, bis er glatt und cremig ist. Die geschälte und grob geriebene Gurke, die übrigen Zutaten und ½ Teelöffel Salz zugeben und gut durchmischen.*
Zugedeckt im Kühlschrank aufbewahren.

Beilage:
zu allen indischen Gerichten

Joghurt
Dahi

1 l Milch
2 EL einfacher Joghurt◇

Joghurt mit Gurken und Minze
Khire ka raita

Dieser Joghurt eignet sich hervorragend als nahrhafter und kühlender Imbiß.

für 6 Personen

600 ml einfacher Joghurt◇
12 cm Gemüsegurke
2 EL feingehackte frische Minze
½ TL gerösteter und gemahlener Kreuzkümmel◇
¼ TL Cayennepfeffer◇
schwarzer Pfeffer
Salz

Joghurt mit Walnüssen und Koriander
Achrot ka raita

Dieser Joghurt eignet sich hervorragend als nahrhafter und kühlender Imbiß.

für 6 Personen

600 ml einfacher Joghurt◇
60 g Walnußkerne
1/2 scharfer grüner Chili◇
1 Frühlingszwiebel
2 EL feingehackter frischer Koriander◇
schwarzer Pfeffer
Salz

◆ *Den Joghurt in einer Schüssel mit einer Gabel oder einem Schneebesen leicht schlagen, bis er glatt und cremig ist. Die Walnußkerne grob zerbrechen, den Chili fein hacken und die Frühlingszwiebel in feine Scheiben schneiden. Alle Zutaten und etwa 1/2 Teelöffel Salz zugeben und gut durchmischen.*

Beilage:
zu allen indischen Gerichten

Joghurt mit Auberginen
Baigan ka raita

für 6 Personen

1 mittelgroße Aubergine (etwa 500 g)
1 Frühlingszwiebel
600 ml einfacher Joghurt◇
Cayennepfeffer◇
1 EL feingehackte frische Minze
schwarzer Pfeffer
Salz

zum Garnieren:
Minzeblätter

◆ *Die Aubergine schälen und in Stücke von etwa 2,5 cm Größe schneiden, die Frühlingszwiebel in hauchdünne Scheiben schneiden.*

Den unteren Teil eines Dampfkochtopfes mit Wasser füllen. Falls kein Dampfkochtopf zur Verfügung steht, in einen großen Topf einen Dämpfeinsatz stellen oder ein Sieb hängen und soviel Wasser zugießen, daß es Einsatz oder Sieb nicht berührt. Das Wasser zum Kochen bringen. Die Auberginen in den Dämpfeinsatz oder das Sieb geben und bei starker Hitze zugedeckt 10 Minuten dämpfen. Darauf achten, daß das kochende Wasser nicht ausläuft.

Währenddessen den Joghurt in einer Schüssel mit einer Gabel oder einem Schneebesen leicht schlagen, bis er glatt und cremig ist. Eine Prise Cayennepfeffer, die Frühlingszwiebel, die Minze, schwarzen Pfeffer und 3/4 Teelöffel Salz zugeben und mit einer Gabel durchmischen.

Die Auberginen aus dem Dampf nehmen und mit einer Gabel zerdrücken. Auf einem Teller ausbreiten und etwas abkühlen lassen, damit der Joghurt nicht gerinnt.

Die Auberginen unter den Joghurt ziehen und mit einigen Minzeblättern garnieren.

Beilage:
zu Lamm mit Kartoffeln auf Delhi-Art (siehe Rezept), Grünen Bohnen auf Gujarat-Art (siehe Rezept), Reis oder indischem Fladenbrot

◆ *Den Koriander und den Chili grob hacken. Alle Zutaten und ½ Teelöffel Salz im Mixer mahlen, bis eine Paste entsteht. Dabei die Masse mit einem Gummispatel herunterdrücken. Die Paste in ein kleines Glas oder eine nichtmetallene Schüssel gießen.*

Beilage:
zu Samosa (siehe Rezept)

Frisches Koriander-Chutney
Hare dhaniye ki chatni

Chutneys wie dieses werden in indischen Haushalten täglich frisch zubereitet. Sie haben einen scharfen, anregenden Geschmack und sind reich an Chlorophyll und den Vitaminen A und C. Zu den Mahlzeiten werden nur geringe Mengen von ein bis zwei Teelöffel gegessen, ähnlich wie Senf zu Würstchen.

für 4 bis 6 Personen

75 g frischer grüner Koriander◇ (nur obere blättrige Teile)
½–1 scharfer grüner Chili◇
1 ½ EL Zitronensaft
½ TL gerösteter und gemahlener Kreuzkümmel◇
schwarzer Pfeffer
Salz

Joghurt mit Kartoffeln auf Gujarat-Art
Batata nu raita

Dieser indische Kartoffelsalat wird mit
würzigem Joghurt statt Mayonnaise oder
einer Vinaigrette zubereitet.

für 4 Personen

250 g Kartoffeln
400 ml einfacher Joghurt◇
2 EL Pflanzenöl◇
1 TL Kreuzkümmelsamen◇
Cayennepfeffer◇
schwarzer Pfeffer
Salz

zum Garnieren:
1 EL feingehackter frischer
    Koriander◇

◆ Die ungeschälten Kartoffeln kochen, abseihen
und mindestens 1 Stunde abkühlen lassen.

Ein Sieb in eine Schüssel hängen und mit einem
viereckigen, einmal zusammengefalteten Tuch aus
Stoff auslegen. Den Joghurt in das Tuch geben und
das Tuch an seinen vier Ecken zu einem Bündel zu-
sammenknoten. Das Bündel so aufhängen, daß es
1 Stunde abtropfen kann. Nicht ausdrücken, sondern lediglich tropfen lassen.

Anschließend den Joghurt in eine Schüssel
geben und ¼ Teelöffel Salz und etwas schwarzen
Pfeffer zugeben. Den Joghurt in einer Schüssel mit
einer Gabel oder einem Schneebesen leicht schlagen, bis er glatt und cremig ist. Anschließend abschmecken.

Die Kartoffeln pellen und in Würfel von etwa
2 cm Größe schneiden. In einer Bratpfanne das Öl
bei mittlerer Wärme erhitzen. Den Kreuzkümmel in
das heiße Öl geben und 3 bis 4 Sekunden brutzeln
lassen. Die Kartoffelwürfel, etwa ⅓ Teelöffel Salz,
etwas schwarzen Pfeffer und eine Prise Cayennepfeffer hineingeben. Die Kartoffeln etwa 4 Minuten
anbraten, dabei umrühren und auf Schärfe abschmecken. Die Pfanne vom Herd nehmen und
die Kartoffeln 5 Minuten abkühlen lassen.

Den Inhalt der Pfanne in die Schüssel mit dem
Joghurt gießen und alles miteinander vermischen.
Mit frischem Koriander garniert servieren.

Bemerkung:
Wird der Joghurt nicht eine Stunde in einem Käsetuch aufgehängt, entsteht eine dünnere Sauce, die
nicht an den Kartoffeln haften bleibt.

Beilage:
zu Hackfleisch mit Erbsen (siehe Rezept) und indischem Fladenbrot

◆ *Die Äpfel schälen, entkernen und grob hacken, die Pfirsiche vierteln. Den Knoblauch zerdrücken, den Ingwer schälen und fein reiben.*

In einem schweren Topf aus rostfreiem Stahl, Glas oder Porzellan alle Zutaten zum Kochen bringen. Auf mittlere Hitze verringern und alles unter häufigem Rühren etwa 30 Minuten kräftig köcheln lassen, bis das Chutney die Konsistenz dicker, eingekochter Marmelade hat. Wenn das Chutney eindickt, die Hitze etwas verringern, damit es nicht ansetzt.

Während des Abkühlens wird das Chutney noch etwas dicker. Anschließend in ein Glasgefäß gießen und mit einem nichtmetallenen Deckel verschließen. An einem kühlen Ort oder im Kühlschrank aufbewahren.

Bemerkung:
In Gläser abgefüllt, bleibt das Chutney lange Zeit haltbar.

Varianten:
▷ *Den braunen Zucker durch weißen ersetzen.*
▷ *Soll das Chutney schärfer schmecken, weitere 1 ½ Teelöffel Cayennepfeffer zugeben.*

Beilage:
zu allen indischen Gerichten; zu Kasseler, Koteletts oder Schinken

Chutney aus Äpfeln, Pfirsichen und Aprikosen
Sew, adu, aur chubani ki chatni

für etwa 3/4 Liter

500 g saure Kochäpfel
100 g getrocknete Pfirsiche
100 g getrocknete Aprikosen
50 g Sultaninen
6 Knoblauchzehen
1 Ingwerwurzel◇ (5 cm)
400 ml Weißweinessig
400 g brauner Zucker
½ TL Cayennepfeffer◇
2 TL Salz

Möhrensalat auf Gujarat-Art
Gadjar ka salad

für 4 Personen

350 g Möhren
2 EL Pflanzenöl◇
2 EL schwarze Senfkörner◇
2 TL Zitronensaft
Salz

◆ Die Möhren schaben und grob reiben. In eine Schüssel geben und ¼ Teelöffel Salz daruntermischen. In einer sehr kleinen Pfanne das Öl bei mittlerer Wärme erhitzen. Die Senfkörner in das heiße Öl streuen. Sobald sie nach wenigen Sekunden aufzuplatzen beginnen, den Inhalt der Pfanne über die Möhren gießen. Den Zitronensaft zugießen und durchmischen.
Gekühlt oder mit Zimmertemperatur servieren.

Bemerkung:
Ohne Zitronensaft kommt die natürliche Süße der Möhren stärker zur Geltung.

Variante:
2 Eßlöffel Sultaninen zugeben, die in heißem Wasser 2 bis 3 Stunden eingeweicht wurden.

Beilage:
zu indischen Gerichten; zu gegrillten Würstchen

Möhren- und Zwiebelsalat
Gadjar aur pyadj ka salad

In Indien wird dieser Salat mit der tiefroten »Blutmöhre« zubereitet, die Rote Bete ähnelt und in Nordindien während der Wintermonate angeboten wird.

für 6 Personen

250 g Möhren
2 Zwiebeln
Cayennepfeffer◇
½ TL feingeriebener frischer Ingwer◇
4 TL Zitronensaft
schwarzer Pfeffer
Salz

◆ Die Möhren schaben und leicht diagonal in etwa 3 mm dicke, ovale Scheiben schneiden. Die Scheiben der Länge nach in etwa 3 mm breite Streifen schneiden. Die Zwiebeln der Länge nach und dann quer in etwa 3 mm breite Scheiben schneiden.
In einem Topf reichlich 2 Liter Wasser wallend kochen. Die Möhren hineingeben und erneut zum Kochen bringen. Die Möhren 2 Sekunden kochen, dann sofort abseihen und unter fließend kaltes Wasser halten. Erneut abseihen.
Die Möhren, die Zwiebeln, eine gute Prise Cayennepfeffer, den Ingwer, den Zitronensaft, schwarzen Pfeffer und ¾ Teelöffel Salz in eine Schüssel geben und gut durchmischen.
Gekühlt oder mit Zimmertemperatur servieren.

Bemerkung:
Dieser Salat läßt sich einige Stunden aufbewahren.

◆ Die Gurke schälen und in der Mitte quer durchschneiden. Jede Hälfte der Länge nach in vier Teile schneiden.
Die Stücke auf einem Teller ausbreiten. Eine Prise Cayennepfeffer, den Kreuzkümmel, schwarzen Pfeffer und ⅓ Teelöffel Salz darüberstreuen und den Zitronensaft darübergießen. Sofort servieren.

Beilage:
zu allen indischen Gerichten

Würzige Gurkenstücke
Khire ke tukre

für 4 Personen

1 Gemüsegurke (etwa 25 cm)
Cayennepfeffer◊
⅓ TL gerösteter und gemahlener Kreuzkümmel◊
¾ Zitrone (Saft)
schwarzer Pfeffer
Salz

◆ Die Tomaten und die Zwiebeln in Würfel von etwa ½ cm Größe schneiden und in eine nichtmetallene Schüssel geben. Die übrigen Zutaten und ¾ Teelöffel Salz darübergeben und durchmischen.

Variante:
Den Koriander durch großblättrige Petersilie ersetzen.

Beilage:
zu fast allen indischen Gerichten

Dip aus Tomaten, Zwiebeln und Koriander
Cachumber

für 4 bis 6 Personen

250 g Tomaten
2 Zwiebeln
4 gehäufte EL gehackter frischer Koriander◊
½ TL Cayennepfeffer◊
½ TL gerösteter und gemahlener Kreuzkümmel◊
2 EL Zitronensaft
Salz

Blumenkohl und weißer Rettich, sauer eingelegt
Phul gobhi aur muli ka achar

250 g Blumenkohl
250 g weißer Rettich
4 TL schwarze Senfkörner◇
100 ml Senf- oder Pflanzenöl◇
½ TL Gelbwurz◇
½–1 TL Cayennepfeffer◇
Salz

◆ Den Blumenkohl in kleine Röschen zerteilen, die etwa 4 cm lang und am Kopf etwa 3 cm breit sind. Den Rettich schaben und in etwa 1 cm dicke Scheiben schneiden. Bei einem Durchmesser von mehr als 2,5 cm die Scheiben halbieren. Die Senfkörner in einer Kaffee- oder Gewürzmühle grob mahlen.

In einem kleinen Topf oder einer Bratpfanne das Öl bei mittlerer Wärme erhitzen. Sobald es sehr heiß ist, den Herd ausschalten und das Öl abkühlen lassen. Dabei wandelt sich der stechende Ölgeschmack in süßen um.

Den Blumenkohl, den Rettich, die Senfkörner, das Gelbwurz, den Cayennepfeffer und 2 Teelöffel Salz in eine Schüssel geben und gut durchmischen. Das Öl darübergießen und erneut durchmischen.

Den Inhalt der Schüssel in ein Glas- oder Keramikgefäß mit einem Fassungsvermögen von 1 ¼ Liter füllen und mit einem nichtmetallenen Deckel verschließen.

Im Sommer drei bis fünf, im Winter etwa acht Tage an einem warmen, sonnigen Platz ruhenlassen. Dabei das Gefäß mindestens drei- bis viermal pro Tag schütteln.

An einem kühlen Platz aufbewahren.

Variante:
Den Rettich durch frische Rüben ersetzen.

Beilage:
in kleinen Mengen zu allen indischen Gerichten

◆ Die Zwiebeln quer in papierdünne Ringe schneiden. Mit allen übrigen Zutaten in eine Schüssel geben und gut durchmischen. Mindestens 30 Minuten ziehen lassen.

Beilage:
zu fast allen indischen Gerichten

Zwiebel-Dip
Pyadj ka laccha

für 4 Personen

3 Zwiebeln
¼ TL rote Paprika
1 Prise Cayennepfeffer◇
4 TL Zitronensaft
¾ TL Salz

◆ Die Zwiebeln der Länge nach und dann quer gleichmäßig in dünne Scheiben schneiden.

In eine Pfanne von etwa 20 cm Durchmesser 1 cm hoch Pflanzenöl geben und bei mittlerer Hitze erwärmen. Die Zwiebeln in das heiße Öl geben und unter Umrühren braten, bis sie eine rötlich-braune Farbe annehmen.

Mit einem Schaumlöffel herausheben und auf einem mit saugfähigem Papier ausgelegten Teller ausbreiten. Während die Zwiebeln abkühlen, werden sie knusprig.

Bemerkung:
In einem dicht verschlossenen Behälter lassen sich die Zwiebeln einige Tage aufbewahren.

Knusprig gebräunte Zwiebeln
Bhune hue pyadj

Diese Zwiebeln werden als würzige Garnierung über fertige Speisen gestreut oder zerkrümelt Fleischsaucen und Gemüsen zugegeben.

für ein Glasgefäß (1/4 l)

4 Zwiebeln
Pflanzenöl◇

Madurai:
Straßenmarkt

Delhi: Marktstand
mit Früchten

Nordindien: Markt

Granatäpfel

Rambutan-Früchte

Suppen, Snacks, Pikantes und Süßes

Tchat masala, Naschta

Wer Indien bereist, wird in Bussen oder Zügen, in Kinos oder Parks häufig Inder treffen, die Tüten aus Zeitungspapier öffnen, in Papierservietten Eingeschlagenes auswickeln oder mit den Händen in ungebrannten Tonschüsseln umherfahren – und knabbern. Am Straßenrand werden alle Arten von Kebab, marinierten und gegrillten Fleischstücken und vor allem Samosa angeboten, jene dreieckigen Pasteten mit herzhafter Füllung. In der obligatorischen Teepause werden Gewürzter Tee oder Kaffee getrunken und dazu Samosa, Geröstete Cashewnüsse oder Möhren-Halwa verzehrt.

Wohlhabende Inder beenden die tägliche Mahlzeit in der Regel mit frischen Früchten. Mangos, Weintrauben, Orangen, Äpfel, Birnen, Bananen, Guavas, Kirschen, Loquats, Jackfrüchte, Melonen – je nach Monat und Jahreszeit – bilden den idealen Abschluß für ein würziges Mahl. Desserts und süßes Fleisch werden fast nur bei festlichen Gelegenheiten gereicht.

Suppen gehören nicht zu den typisch indischen Gerichten, aber die meisten westlich beeinflußten Inder haben Suppen anderer Völker verändert und ihrem eigenen Geschmack angepaßt.

Grüne Suppe
Hara shorba

für 5 bis 6 Personen

100 g Kartoffeln
2 grobgehackte Zwiebeln
1 ¼ l Hühnerbrühe
1 Ingwerwurzel◇ (2 cm)
½ TL gemahlene
   Koriandersamen◇
2 TL gemahlener
   Kreuzkümmel◇
250 g frische Erbsen
5 EL gehackter frischer
   Koriander◇
½ scharfer grüner Chili◇
½ TL gerösteter und gemahlener Kreuzkümmel◇
1 EL Zitronensaft
150 ml Schlagsahne
Salz

◆ Die Kartoffeln schälen und in grobe Würfel schneiden.

Die Kartoffeln, die Zwiebeln, die Hühnerbrühe, den geschälten Ingwer, den gemahlenen Koriander und den gemahlenen Kreuzkümmel in einen Topf geben und aufkochen. Bei schwacher Hitze zugedeckt 30 Minuten köcheln lassen.

Den Ingwer entfernen und die Erbsen, den frischen Koriander, den Chili, den gerösteten Kreuzkümmel, den Zitronensaft und ¾ Teelöffel Salz zugeben. War die Hühnerbrühe ungesalzen, entsprechend mehr Salz zugeben. Alles aufkochen und ohne Deckel 2 bis 3 Minuten köcheln lassen, bis die Erbsen gerade weich sind.

Die Suppe in einen Mixer gießen und glatt rühren. Anschließend mit der Schlagsahne in einen sauberen Topf gießen und aufkochen.

Variante:
Die frischen Erbsen durch tiefgefrorene ersetzen.

Kalte Joghurtsuppe mit Minze
Dahi ka shorba

Aus dem Kaukasus stammend, wurde diese Suppe vermutlich von umherziehenden Turkvölkern, Persern und Mongolen nach Indien gebracht.

für 4 bis 6 Personen

600 ml reiner Joghurt◇
300 ml Sahne
450 ml kalte, entfettete
   Hühnerbrühe
½ TL gerösteter und gemahlener Kreuzkümmel◇
1 EL sehr fein gehackte frische
   Minze
2 TL Zitronensaft
schwarzer Pfeffer
Salz

◆ Den Joghurt in einer Schüssel mit einer Gabel oder einem Schneebesen leicht schlagen, bis er glatt und cremig ist. Die Sahne vorsichtig einrühren. Die Hühnerbrühe, den Kreuzkümmel, die Minze, den Zitronensaft, Pfeffer und ½ Teelöffel Salz zugeben. War die Hühnerbrühe ungesalzen, entsprechend mehr Salz zugeben. Alles miteinander verrühren und abschmecken.

Variante:
Die frische Minze durch einen Teelöffel getrocknete Minzeblätter, zu Pulver zerkrümelt, ersetzen.

◆ *Die Linsen verlesen, waschen und abtropfen lassen. Zusammen mit der Hühnerbrühe und dem Gelbwurz in einem mittelgroßen Topf zum Kochen bringen. Bei schwacher Hitze und leicht geöffnetem Deckel 30 Minuten sacht köcheln lassen.*

Währenddessen die Kartoffeln schälen und in Würfel von etwa 1 cm Größe schneiden. Die Kartoffelwürfel in die Suppe geben und bei leicht geöffnetem Deckel weitere 30 Minuten köcheln lassen.

Währenddessen den geschälten und grobgehackten Ingwer und den Knoblauch mit 4 1/2 Eßlöffel Wasser im Mixer mahlen, bis eine glatte Paste entsteht. Von der Hühnerbrust das Fett entfernen und die Brust in Würfel von etwa 1 cm Größe schneiden. In eine Schüssel legen und schwarzen Pfeffer und 1/4 Teelöffel Salz darüberstreuen. Die Gewürze untermischen.

Die Suppe im Mixer pürieren, in eine Schüssel gießen und 1 Teelöffel Salz untermischen.

Den Suppentopf spülen und austrocknen. Das Öl hineingießen und den Topf bei mittlerer Hitze auf den Herd stellen. Die Ingwer-Knoblauch-Paste in das heiße Öl geben und den Kreuzkümmel, den Koriander und eine gute Prise Cayennepfeffer zufügen. Unter ständigem Rühren rösten, bis die Gewürzmischung eine leicht bräunliche Farbe annimmt und sich vom Öl trennt. Die Hühnerfleischwürfel hineingeben und erneut 2 bis 3 Minuten rühren, bis die Fleischwürfel glasig werden.

1/4 Liter Wasser zugießen und zum Kochen bringen. Bei schwacher Hitze zugedeckt etwa 3 Minuten köcheln lassen, bis das Huhn gar ist.

Die pürierte Suppe und den Zitronensaft hineingießen und alles unter Rühren zum Kochen bringen. Abschmecken und eventuell weiteren Zitronensaft zugeben. Die Suppe weitere 2 Minuten sacht köcheln lassen. Sollte sie zu dick sein, mit wenig Hühnerbrühe oder Wasser verdünnen.

Mulligatawny-Suppe
Mulligatawny

für 4 bis 5 Personen

175 g rote Linsen◇
1 1/4 l Hühnerbrühe
1/2 TL Gelbwurz◇
100 g Kartoffeln
1 Ingwerwurzel◇ (3 cm)
5 Knoblauchzehen
1 Hühnerbrust ohne Knochen
  und Haut (etwa 200 g)
3 EL Pflanzenöl◇
1 TL gemahlener
  Kreuzkümmel◇
1 TL gemahlene
  Koriandersamen◇
Cayennepfeffer◇
etwa 1 EL Zitronensaft
schwarzer Pfeffer
Salz

Beilage:
einfacher grüner Salat oder gekochter Reis

Papad

Papad sind dünne, knusprige Teigfladen aus getrockneten Hülsenfrüchten, die auf Märkten ungewürzt oder gewürzt – zum Beispiel mit Knoblauch, schwarzem oder rotem Pfeffer – verkauft werden. Sie sind bereits in die gewünschten Formen ausgerollt und in der Sonne getrocknet, so daß sie nur noch auf dem Herd zubereitet werden müssen.

Traditionell werden Papad in Fett schwimmend gebacken. Sie gehen auf diese Weise am schönsten auf und erhalten eine luftige, leichte Konsistenz. Werden die Papad direkt über oder in der Flamme geröstet, enthalten sie weniger Kalorien.

◆ *Das Öl 2 cm hoch in eine Bratpfanne gießen
und bei mittlerer Wärme erhitzen. Je nach Größe
von Pfanne und Papad 1 oder ½ Papad – sie deh-
nen sich in der Pfanne aus – in das heiße Öl geben.
Innerhalb von Sekunden wird es zu brutzeln beginnen und aufgehen. Das Papad mit einem Schaumlöffel herausheben und auf einem mit saugfähigem
Papier ausgelegten Teller abtropfen lassen. Mit
den restlichen Papad auf gleiche Weise verfahren.*

*Papad sollten ihre gelbliche Farbe behalten und
nicht braun werden. Gehen sie nicht in Sekundenschnelle auf, beim nächsten Papad die Hitze erhöhen.*

◆ *Den Grill erhitzen. 1 Papad auf den Rost legen
und gut 5 cm von der Hitzequelle entfernt plazieren.
In Sekundenschnelle wird es aufgehen, es wird
blasser und wirft einige Blasen. Umdrehen und die
zweite Seite einige Sekunden der Hitze aussetzen.
Das Papad genau beobachten, damit es nicht
braun wird oder anbrennt. Zur Seite legen und mit
den restlichen Papad auf gleiche Weise verfahren.
Mitunter ist es auch nicht nötig, die Papad umzu-
drehen.*

*Papad lassen sich auch direkt über der offenen
Flamme eines Gasherds rösten: 1 Papad mit einer
Zange etwa 1 cm über eine kleine Flamme halten.
Sobald die Stelle, die sich direkt über der Flamme
befindet, blasser wird und Blasen wirft, einen
anderen Teil des Papad über die Flamme halten.
Auf diese Weise das ganze Papad rösten.*

*Beilage:
zu allen indischen Gerichten oder zum Knabbern
bei Getränken*

Fritierte Papad
Tale papad

für 6 Personen

*6 Papad◇
Pflanzenöl◇ zum Ausbacken*

Geröstete Papad
Bhune Papad

für 6 Personen

6 Papad◇

Hühnerfleischspieße
Murgi tikka

Diese Spieße werden in einem Tandur oder Lehmofen zubereitet und gelingen so am besten. Gewöhnliche Herde, auf maximale Temperatur gebracht, sind jedoch ein guter gleichwertiger Ersatz. Mit leicht in Öl angebratenen Zwiebelringen, Gurkenscheiben und Zitronen- oder Limonenschnitzen werden sie als Vorspeise oder halbiert und mit einem Zahnstocher versehen zu Getränken gereicht.

für 4 bis 6 Personen

24 Stunden marinieren

6 Stunden vorher beginnen

3 Hühnerbrüste ohne Knochen
und Haut (etwa 1 ¼ kg)
1 saftige Zitrone
6 EL reiner Joghurt◇
1 Ingwerwurzel◇ (2,5 cm)
3 Knoblauchzehen
1 TL gemahlener
Kreuzkümmel◇
Cayennepfeffer◇
¼ TL Garam masala◇
(siehe Rezept)
2 TL gelbe Speisefarbe
½ TL rote Speisefarbe
etwa 100 g ungesalzene Butter
Salz

◆ *Die Hühnerbrüste der Länge nach halbieren und jede Hälfte quer in drei oder vier gleich große Stücke schneiden. Alles Fett entfernen und das Fleisch in einer Lage auf eine Platte legen. ½ Teelöffel Salz darüberstreuen und eine Zitronenhälfte über dem Fleisch ausdrücken. Salz und Zitronensaft in das Fleisch einreiben. Die Fleischstücke umdrehen und mit der anderen Seite ebenso verfahren. Das Fleisch 20 Minuten zur Seite stellen.*

Währenddessen den Joghurt in einer kleinen Schüssel mit einer Gabel oder einem Schneebesen schlagen, bis er glatt und cremig ist. Den geschälten und feingeriebenen Ingwer, den zerdrückten Knoblauch, den Kreuzkümmel, eine gute Prise Cayennepfeffer und das Garam masala zugeben und gut durchmischen.

Die Speisefarben miteinander vermischen und damit das Fleisch von allen Seiten einpinseln. Das Fleisch mit dem Saft in eine Schüssel geben und ein Sieb darüberhalten. Die Joghurtmischung in das Sieb gießen und mit einem Gummispatel so viel wie möglich durchpressen. Diese zweite Marinade mit den Fleischstücken vermengen. Die Schüssel dicht verschließen und 6 bis 24 Stunden in den Kühlschrank stellen.

Den Backofen auf maximale Hitze bringen. Das Fleisch auf Spieße stecken, dabei zwischen den Stücken etwas Platz lassen. Die Spieße auf den erhöhten Rand einer Backschale legen und darauf achten, daß der Saft in die Schale und nicht in den Backofen tropft. Die Fleischstücke mit der Hälfte der geschmolzenen Butter einpinseln und etwa 7 Minuten in den Ofen stellen.

Die Backschale herausnehmen, die Spieße wenden und die Unterseite der Fleischstücke mit Butter einpinseln. Die Backschale erneut in den Ofen stellen und alles weitere 8 bis 10 Minuten braten, bis das Fleisch gerade durch ist. Das Fleisch nicht zu lange im Ofen lassen, damit es nicht trocken wird.

◆ Ein Sieb in eine Metallschüssel hängen und neben dem Herd bereitstellen, daneben zwei mit saugfähigem Papier ausgelegte Teller.

Öl 2,5 cm hoch in eine tiefe Bratpfanne von etwa 20 cm Durchmesser gießen und bei mittlerer Wärme erhitzen. Die Cashewnüsse in das heiße Öl geben und einige Sekunden rühren, bis sie eine rötlich-goldene Farbe annehmen. Den Inhalt der Pfanne in das Sieb gießen, damit das Öl abtropft. Das Sieb hochheben und alles überflüssige Öl abschütteln. Die Cashewnüsse auf einem der Teller ausbreiten, mit Pfeffer und ¼ Teelöffel Salz bestreuen und durchmischen. Anschließend auf den zweiten Teller geben, so daß weiteres Öl aufgesaugt wird. Warm oder abgekühlt servieren.

Geröstete Cashewnüsse
Bhune huai kadju

für 4 bis 6 Personen

Pflanzenöl◇
250 g rohe, ungesalzene
    Cashewnüsse
schwarzer Pfeffer
Salz

◆ Das Fleisch in Würfel von etwa 2 cm Größe schneiden und in eine nichtmetallene Schüssel oder eine aus rostfreiem Stahl geben. Den Joghurt, den Zitronensaft, den geschälten und sehr fein geriebenen Ingwer, den zerdrückten Knoblauch, den Kreuzkümmel, den Koriander, den Cayennepfeffer und ¾ Teelöffel Salz in eine Schüssel geben und mit einer Gabel verrühren. Die Mischung durch ein Sieb über das Fleisch geben und gründlich verteilen. Gut verschlossen mindestens 4 bis 26 Stunden in den Kühlschrank stellen.

Den Grill vorheizen und das Fleisch auf Spieße stecken. Die Spieße auf den Rand einer Backschale legen und darauf achten, daß der Fleischsaft in die Schale tropfen kann. Die Fleischstücke großzügig mit Öl einpinseln und die Backschale unter den Grill stellen. Wenn die Oberseite des Fleisches sich leicht zu bräunen beginnt, die Backschale herausnehmen, die Spieße wenden und die Unterseite mit Öl einpinseln. Die Backschale erneut unter den Grill stellen und die Unterseite bräunen.

Variante:
Das Lammfleisch durch Beefsteak ersetzen.

Lamm- oder Rinderspieße
Boti kebab

Diese Spieße eignen sich hervorragend als kleiner Imbiß.

für 4 Personen

24 Stunden marinieren

4 Stunden vorher beginnen

250 g Lammschulter oder
    -keule ohne Knochen
4 EL reiner Joghurt◇
1 ½ EL Zitronensaft
1 Ingwerwurzel◇ (2,5 cm)
1 Knoblauchzehe
1 TL gemahlener
    Kreuzkümmel◇
½ TL gemahlene
    Koriandersamen◇
¼ TL Cayennepfeffer◇
1 ½ EL Pflanzenöl◇
Salz

Köstliche Cocktailkoftas
Chhote kofte

Diese Fleischbällchen werden als Teil einer Mahlzeit serviert oder, auf einen Zahnstocher gespießt, als Imbiß gereicht.

für etwa 30 Fleischbällchen

500 g Hackfleisch vom Lamm
1 TL gemahlener
    Kreuzkümmel◇
1 TL gemahlene
    Koriandersamen◇
1/4 TL Garam masala◇
    (siehe Rezept)
1 Prise Cayennepfeffer◇
2 EL sehr fein gehackter
    frischer Koriander◇
3 EL reiner Joghurt◇
Salz

für die Sauce:
1 Ingwerwurzel◇ (2,5 cm)
5 Knoblauchzehen
1 TL gemahlener
    Kreuzkümmel◇
1 TL gemahlene
    Koriandersamen◇
1 TL leuchtend roter Paprika
1/4 TL Cayennepfeffer◇
5 EL Pflanzenöl◇
1 Stück Zimt◇ (2,5 cm)
6 Kardamomkapseln◇
6 Nelken◇
3 feingehackte Zwiebeln
100 g Tomaten
4 EL reiner Joghurt◇
Salz

◆ Für die Fleischbällchen alle Zutaten und 1/2 Teelöffel Salz vermischen. Die Hände mit Wasser anfeuchten und etwa 30 Fleischbällchen formen.

Für die Sauce den geschälten und grobgehackten Ingwer und den Knoblauch mit 4 1/2 Eßlöffel Wasser im Mixer mahlen, bis eine glatte Paste entsteht. Die Paste in eine Schüssel geben. Den Kreuzkümmel, den Koriander, den Paprika und den Cayennepfeffer hinzufügen und alles gut vermischen.

In einem schweren Topf oder einer Pfanne von etwa 25 cm Durchmesser das Öl bei mittlerer Wärme erhitzen. Den Zimt, den Kardamom und die Nelken in das heiße Öl geben und kurz umrühren. Die Zwiebeln zugeben und unter stetigem Rühren dünsten, bis sie eine rötlich-braune Farbe annehmen.

Bei mittlerer Hitze die Ingwer-Knoblauch-Paste und die enthäuteten und zerkleinerten Tomaten hinzufügen, dämpfen und rühren, bis die Mischung sich rötlich-braun färbt. Wenn sie anzubacken beginnt, 1 Eßlöffel Joghurt zugeben und weiterrühren, bis der Joghurt in die Sauce eingebunden ist. Mit dem restlichen Joghurt auf gleiche Weise verfahren.

1/4 Liter Wasser und 1/2 Teelöffel Salz in den Topf geben, umrühren und zum Kochen bringen. In einer Lage die Fleischbällchen dazugeben. Bei leicht geöffnetem Deckel und schwacher Hitze 25 Minuten unter gelegentlichem Rühren kochen. Darauf achten, daß die Fleischbällchen nicht auseinanderfallen und – besonders gegen Ende des Kochvorgangs – die Sauce nicht ansetzt. Falls nötig, etwa 1 Eßlöffel Wasser zugießen.

Den Deckel abnehmen und bei mäßiger Hitze unter vorsichtigem Rühren weiterkochen, bis die Fleischbällchen gebräunt aussehen, die Sauce an den Fleischbällchen haftet und am Boden des Topfes nur noch wenig Fett übrig ist.

Vor dem Servieren die Fleischbällchen vorsichtig aufwärmen. Aus dem Fett nehmen und die nicht zerkochten Gewürze entfernen.

Variante:
Die frischen Tomaten durch 1 kleine Dose Tomaten ersetzen.

◆ *Die Garnelen auftauen und trockentupfen. Den Joghurt in eine Schüssel geben und mit einer Gabel oder einem Schneebesen schlagen, bis er glatt und cremig ist. Den geschälten und sehr fein geriebenen Ingwer, den zerdrückten Knoblauch, den Zitronensaft, den Kreuzkümmel, das Garam masala, die miteinander vermischten Speisefarben, Pfeffer und 1/4 Teelöffel Salz zugeben. Alles gut durchmischen und 15 Minuten ziehen lassen.*

Die Mischung durch ein Sieb in eine zweite Schüssel pressen. Die Garnelen in diese Marinade geben, wenden und 30 Minuten ruhenlassen. Anschließend die Garnelen mit einem Schaumlöffel aus der Schüssel heben und die Marinade abtropfen lassen.

In einer Pfanne von etwa 20 cm Durchmesser die Butter bei mittlerer Hitze schmelzen. Bei erhöhter Hitze die Marinade zugeben und umrühren, bis die Butter sich trennt und sich am Boden der Pfanne eine dicke Sauce absetzt. Die Garnelen in die Sauce geben und einige Minuten garen lassen, dabei vorsichtig umrühren, damit sie nicht zerfallen.

Die Garnelen auf Zahnstocher spießen und sofort servieren.

Garnelen aus dem Tandur
Tanduri djhinga

Diese marinierten Garnelen werden traditionell im Tandur zubereitet. Da die hier erhältlichen Garnelen normalerweise klein sind, lassen sie sich auch kurz in der Pfanne braten.

für 4 Personen

250 g entschalte Garnelen
4 EL reiner Joghurt◇
1 Ingwerwurzel◇ (2,5 cm)
1 große Knoblauchzehe
5 TL Zitronensaft
1 1/2 TL gerösteter und gemahlener Kreuzkümmel◇
1/4 TL Garam masala◇
(siehe Rezept)
2 TL gelbe Speisefarbe
1 TL rote Speisefarbe
50 g ungesalzene Butter
schwarzer Pfeffer
Salz

Samosa

Diese gefüllten Teigpasteten sind ein herzhafter Imbiß und ein ausgezeichneter Appetithappen. Obwohl traditionell Hackfleisch oder würzige Kartoffeln als Füllung dienen, so lassen sich Samosa mit fast allem füllen. In Indien werden sie gerne in frisches Koriander-Chutney getunkt.

für etwa 16 Stück

250 g reines Weißmehl
5 EL Pflanzenöl◇
Salz

für die Füllung:
750 g gekochte Pellkartoffeln
Pflanzenöl◇
1 feingehackte Zwiebel
200 g frische Erbsen
1 EL feingeriebener Ingwer◇
1 feingehackter scharfer
    grüner Chili◇
3 EL sehr fein gehackter
    frischer Koriander◇
1 TL gemahlene
    Koriandersamen◇
1 TL Garam masala◇
    (siehe Rezept)
1 TL gerösteter und gemahlener Kreuzkümmel◇
1/4 TL Cayennepfeffer◇
2 EL Zitronensaft
Salz

◆ Das Mehl in eine Schüssel sieben. 1/2 Teelöffel Salz und 4 Eßlöffel Öl darübergeben. Das Öl mit den Fingerspitzen einarbeiten, bis die Mischung groben Brotkrümeln ähnelt. Nach und nach 4 Eßlöffel Wasser zugeben und einarbeiten, so daß eine steife Teigkugel entsteht.

Den Teig auf einer sauberen Arbeitsplatte etwa 10 Minuten kneten, bis er glatt ist. Zu einer Kugel formen, mit 1/4 Teelöffel Öl einpinseln und in eine Plastiktüte legen. 30 Minuten ruhenlassen.

Für die Füllung die abgekühlten Kartoffeln pellen und in Würfel von 1/2 cm Größe schneiden. In einer großen Pfanne 4 Eßlöffel Öl bei mittlerer Wärme erhitzen. Die Zwiebel in das heiße Öl geben und rühren, bis die Ränder leicht braun werden. Die Erbsen, den Ingwer, den Chili, den frischen Koriander und 3 Eßlöffel Wasser zugeben. Alles zugedeckt bei schwacher Hitze dünsten lassen, bis die Erbsen gar sind. Dabei gelegentlich umrühren und eventuell etwas Wasser nachgießen, falls zu wenig Flüssigkeit in der Pfanne ist.

Die Kartoffelwürfel, den gemahlenen Koriander, das Garam masala, den Kreuzkümmel, den Cayennepfeffer, den Zitronensaft und 1 1/2 Teelöffel Salz zugeben und alles vermischen. Bei schwacher Hitze 3 bis 4 Minuten unter vorsichtigem Rühren kochen. Mit Salz und Zitronensaft abschmecken und abkühlen lassen.

Den Teig erneut durchkneten, in acht Kugeln teilen und mit einem Tuch bedecken. Die erste Kugel zu einer Scheibe von etwa 18 cm Durchmesser ausrollen und mit einem scharfen Messer halbieren. Aus dieser Hälfte in der Hand eine Tüte mit einem 1/2 cm breiten, überstehenden Saum formen. Den Saum mit etwas Wasser verkleben und die Teigtasche mit etwa 2 1/2 Eßlöffel der Kartoffelmischung füllen. Die Ränder der Taschenöffnung mit etwas Wasser zusammenkleben. Ihr Saum sollte wiederum etwa 1/2 cm breit sein. Den oberen Saum mit den Zinken einer Gabel eindrücken oder mit den Fingern riffeln. Mit den übrigen Kugeln auf gleiche Weise verfahren.

Öl 4 bis 5 cm hoch in eine kleine, tiefe Pfanne gießen und bei mittlerer Wärme erhitzen. Soviele Samosa in das Öl geben, wie die Pfanne in einer Lage locker fassen kann. Langsam backen, bis sie goldbraun und knusprig sind. Dabei die Samosa häufig wenden. Auf saugfähigem Papier abtropfen lassen. Je nach Geschmack heiß, warm oder mit Zimmertemperatur servieren.

Variante:
Die Flüssigkeit des Gerichtes »Gehacktes Lamm mit Minze« verkochen lassen und das Fett abschöpfen. Jedes Samosa mit 2 $1/2$ Eßlöffel der fertigen Hackfleischmischung füllen.

◆ Die Garnelen auftauen und trockentupfen. Das Mehl mit dem Gelbwurz, dem Cayennepfeffer, dem Kreuzkümmel, dem schwarzen Pfeffer und 2 $1/2$ Teelöffel Salz vermischen.

Das Öl etwa 4 cm hoch in eine tiefe Pfanne von etwa 20 cm Durchmesser oder ein Fritiergerät gießen und bei mittlerer Wärme erhitzen. Währenddessen die Garnelen in der Mehlmischung wenden.

Soviele Garnelen in das heiße Öl geben, wie die Pfanne in einer Lage locker fassen kann. Die Garnelen etwa 1 Minute braten, bis ihre Außenseite leicht knusprig wird. Dabei eventuell wenden. Mit einem Schaumlöffel herausheben und auf einen mit saugfähigem Papier ausgelegten Teller geben. Mit allen Garnelen auf gleiche Weise verfahren.

Mit wenig Zitronensaft beträufeln und heiß servieren.

Variante:
Das Reismehl durch Maismehl oder Mondamin ersetzen.

Kurz gebratene Garnelen
Tali hui djhinga

Diese Garnelen werden als Hauptgericht serviert oder, auf einen Zahnstocher gespießt, als Imbiß gereicht.

für 4 bis 6 Personen

350 g entschalte Garnelen
75 g Reismehl
2 TL Gelbwurz◇
1 EL Cayennepfeffer◇
2 EL gemahlener
    Kreuzkümmel◇
1 TL schwarzer Pfeffer
Pflanzenöl◇
Zitronensaft
Salz

Würzige Streichholzkartoffeln
Alu ka tala hua laccha

für 4 bis 6 Personen

500 g Kartoffeln
3 grobgehackte Zwiebeln
2–3 Knoblauchzehen
1 scharfer, getrockneter roter
  Chili◇
1 TL gemahlener
  Kreuzkümmel◇
½ TL gemahlene
  Koriandersamen◇
Pflanzenöl◇
Salz

◆ Die Zwiebeln, den Knoblauch und den Chili im Mixer mahlen, bis eine Paste entsteht. Die Paste in eine Schüssel geben, den Kreuzkümmel und den Koriander daruntermischen.

Die Kartoffeln schälen und in Scheiben von 3 mm Dicke schneiden. Jeweils fünf Scheiben übereinanderlegen und in 3 mm breite Stifte schneiden. Werden die Kartoffeln nicht sofort gebraten, sollten sie in Wasser gelegt und erst unmittelbar vor dem Braten herausgenommen und trockengetupft werden. Eine sehr große Platte oder zwei kleinere Teller mit saugfähigem Papier auslegen und neben dem Herd bereitstellen.

Öl etwa 1 cm hoch in eine tiefe Pfanne von etwa 25 cm Durchmesser gießen und bei mittlerer Wärme erhitzen. Soviele Kartoffelstifte in das heiße Öl geben, wie die Pfanne in einer Lage locker fassen kann. Unter gelegentlichem Rühren braten, bis die Kartoffeln goldgelb und knusprig sind. Die Stifte mit einem Schaumlöffel aus der Pfanne heben und auf einem Teil der Platte verteilen. Mit den restlichen Kartoffelstiften auf gleiche Weise verfahren.

Anschließend das Öl bis auf 4 Eßlöffel abgießen und die Gewürzmischung aus der Schüssel hineingeben. Unter Umrühren langsam und bei geringer Hitze braten, bis sie braun und relativ trocken ist. Alle gebratenen Kartoffelstifte und ¾ bis 1 Teelöffel Salz zugeben und alles miteinander verrühren. Dabei alle Gewürzklumpen zerkleinern. Die Stifte abtropfen lassen und servieren.

Variante:
Sollen die Kartoffeln mehr als nur mäßig scharf sein, eine getrocknete, scharfe rote Chili zugeben.

◆ *Die Mandeln blanchieren und hobeln, den Kardamom im Mörser zerstoßen und beides zur Seite stellen.*

In einer großen Pfanne das Öl erhitzen. Die Mandelsplitter in das heiße Fett geben und rühren, bis sie eine goldgelbe Farbe annehmen. Mit einem Bratenwender herausheben und auf einen mit saugfähigem Papier ausgelegten Teller geben.

In einer Saucenpfanne reichlich ½ Liter Wasser aufkochen. Wenn es heftig kocht, die Hitze verringern.

Den Grieß in die Pfanne mit dem Fett geben, die Hitze verringern und unter Rühren 8 bis 10 Minuten anrösten, bis er eine warme, goldgelbe Farbe annimmt, jedoch nicht braun wird. Den Zucker zugeben und einrühren.

Das kochende Wasser unter Rühren so langsam in die Pfanne gießen, daß dieser Vorgang gut 2 Minuten dauert. Ist das ganze Wasser untergerührt, die Hitze weiter verringern und das Halwa unter ständigem Rühren weitere 5 Minuten dünsten lassen. Die Sultaninen, die Mandeln und den Kardamom zufügen und 5 Minuten weiterrühren.

Heiß, warm oder bei Zimmertemperatur servieren.

Grieß-Halwa
Sudji ka halwa

Die von Kindern sehr begehrte Halwa wird als Leckerei oder als Abschluß einer Mahlzeit gegessen.

für 6 Personen

300 g feinkörniger Grieß
25 g Mandeln
¼ TL Kardamomsamen◇
5 EL Pflanzenöl◇ *oder Ghi*◇
150 g Zucker
2-3 EL Sultaninen

Indischer Nudel-Pudding
Seway ki khir

In Indien werden für diesen Pudding sehr feine Fadennudeln verwandt, die *seway* heißen. Da sie nur in indischen oder pakistanischen Läden erhältlich sind, werden hier Vermicelli, italienische Fadennudeln, verwendet.

für 6 bis 8 Personen

75 g Vermicelli
¼ TL Kardamomsamen◇
50 g Butter
1 ¼ l heiße Milch
2 EL Sultaninen
25 g gehackte Mandeln
nach Geschmack:
    100 g Zucker
15 g feingehackte Pistazien
    (als Ersatz mehr Mandeln)

◆ Den Kardamom im Mörser zerstoßen.

In einem schweren Topf die Butter bei mittlerer Hitze schmelzen. Die in etwa 3 cm lange Stücke zerbrochenen Nudeln hineingeben und einige Sekunden rühren, bis sie eine goldbraune Farbe annehmen, wobei unvermeidlich ist, daß einige Stückchen dunkler werden. Die heiße Milch zugießen und aufkochen. Den Kardamom, die Sultaninen und die Mandeln hinzufügen. Die Hitze verringern, so daß die Milch zwar kocht, aber nicht überläuft. Alles etwa 20 Minuten kochen, dabei häufig umrühren.

Den Zucker zugeben und alles weitere 5 Minuten kochen lassen, bis reichlich 1 Liter Pudding entsteht.

Den Pudding in eine Schüssel gießen und abkühlen lassen, bis er lauwarm ist. Dabei einige Male umrühren und die Haut, die sich an der Oberfläche bildet, unterrühren.

Den Pudding in eine Servierschüssel oder in Schalen füllen, mit den Pistazien garnieren, mit Frischhaltefolie abdecken und in den Kühlschrank stellen. Kalt servieren.

◆ *Die Möhren schaben und raspeln.*

In einem Topf mit schwerem Boden die Milch mit den Möhren und dem Kardamom aufkochen lassen. Auf mittlere Hitze verringern und unter gelegentlichem Umrühren etwa 30 Minuten köcheln lassen, bis keine Flüssigkeit mehr vorhanden ist. Gegebenenfalls die Hitze anpassen.

In einer Pfanne das Öl bei mittlerer Wärme erhitzen. Die Möhrenmischung in das heiße Öl geben und unter Rühren 10 bis 15 Minuten dünsten, bis die Möhren nicht mehr feucht und milchig aussehen.

Den Zucker, die Sultaninen und die leicht zerkleinerten Pistazien zufügen und weitere 2 Minuten rühren.

Warm oder bei Zimmertemperatur servieren. Zum Verfeinern kann Sahne über das Halwa gegeben werden.

Möhren-Halwa
Gadjar ka halwa

In Indien wird Halwa zu religiösen Festen zubereitet.

für 4 Personen

500 g Möhren
³/₄ l Milch
8 Kardamomkapseln◇
5 EL Pflanzenöl◇ oder Ghi◇
5 EL Zucker
1–2 EL Sultaninen
1 EL geschälte ungesalzene
* Pistazien*
nach Geschmack:
* 250 ml Schlagsahne*

Indische Eiscreme
Kulfi

Kulfi ist eine Spezialität, die oft bei großen Festlichkeiten wie Hochzeitsbanket-
ten angeboten wird. Der eigens bestellte
kulfiwala und seine Helfer bringen
riesige Tontöpfe mit, die zerstoßene
Eiswürfel und röhrenförmige Behälter
aus gebranntem Ton enthalten, die mit
Kulfi gefüllt sind.

für 6 Personen

2 l Vollmilch
10 Kardamomkapseln◇
10 g Mandeln
25 g geschälte, gehackte
    ungesalzene Pistazien
4–5 EL Zucker

◆ *In einem Topf oder einer Pfanne mit schwerem
Boden die Milch zum Kochen bringen. Die Hitze
verringern, so daß die Milch zwar kocht, aber nicht
überläuft. Den Kardamom zugeben. Die Milch auf
knapp 3/4 Liter, also etwa ein Drittel ihrer ursprüng-
lichen Menge, einkochen. Dabei häufig umrühren
und die Haut, die sich an der Oberfläche bildet,
unterrühren. Währenddessen die Mandeln blanchieren und hacken, die Pistazien hacken.*

*Wenn die Milch eingedickt ist, die Kardamom-
kapseln entfernen. Den Zucker und die Mandeln
zufügen und alles weitere 2 bis 3 Minuten kochen.
Die eingedickte Milch in eine Schüssel gießen und
vollständig abkühlen lassen. Die Hälfte der Pistazien zugeben und unterrühren.*

*Die Schüssel mit Aluminiumfolie abdichten
und ins Tiefkühlfach stellen oder die Masse in die
Eismaschine geben. Außerdem 6 Servierschüsselchen oder eine Puddingform ins Tiefkühlfach stellen.*

*Alle 15 Minuten die Eiscreme kräftig umrühren,
damit die Eiskristalle sich auflösen. Ist das Umrühren kaum noch möglich, die Schüssel aus dem
Tiefkühlfach nehmen und die Eiscreme rasch in die
Servierschüsselchen oder die Puddingform geben.
Mit den restlichen Pistazien bestreuen und die
Schüsselchen oder die Form mit Aluminiumfolie
zudecken. Die Eiscreme erneut ins Tiefkühlfach
geben und gefrieren lassen.*

◆ *In einer Saucenpfanne reichlich ¹/₂ Liter Wasser mit dem Zimt, dem Kardamom und den Nelken zum Kochen bringen. Bei schwacher Hitze zugedeckt 10 Minuten köcheln lassen.*

Die Milch und den Zucker zugeben und erneut zum Kochen bringen. Die Pfanne vom Herd nehmen, den Tee hinzufügen und alles 2 Minuten zugedeckt ziehen lassen. Sofort servieren.

Gewürzter Tee
Masala tchai

für 2 Personen

3 TL unparfümierter
*   schwarzer Tee*
1 Stück Zimt◇ (2,5 cm)
8 Kardamomkapseln◇
8 Nelken◇
200 ml Milch
nach Geschmack:
*   6 TL Zucker*

Anhang

Die nachfolgenden Register wollen die Nutzbarkeit des Buches erhöhen und – durch Querverweise und Erläuterungen – Hilfestellung geben.

Hinweise zur Benutzung

Rezeptregister nach Hindi-Bezeichnungen

Alle Rezepte sind nach Originaltiteln alphabetisch geordnet.

Rezeptregister nach deutschen Bezeichnungen

Alle Rezepte sind nach den ins Deutsche übertragenen Titeln alphabetisch geordnet.

Stichwortregister

Alle in den Rezepten vorkommenden wesentlichen Zutaten sind alphabetisch geordnet. Unter dem Stichwort »Joghurt« werden zum Beispiel nicht nur die Rezepte aus dem Kapitel »Dips, Chutneys, Pickles« aufgeführt, sondern auch »Geschmortes Rindfleisch mit Joghurt«, »In Joghurtsauce gebackener Schellfisch« oder »Tanduri-Huhn«, Gerichte also, bei deren Zubereitung Joghurt eine wesentliche Rolle spielt. Die kursiven Seitenangaben verweisen auf erläuternde Texte.

◊   ausführlich erläuterter Begriff: siehe Stichwortregister (kursive Seitenangabe)

Rezeptregister nach Hindi-Bezeichnungen

Rezeptregister nach deutschen Bezeichnungen

Die kursiven Seitenangaben verweisen auf eingeschobene Texte, die den Begriff erläutern; die übrigen Ziffern benennen Rezepte, in denen diese Zutat benötigt wird.

Stichwortregister

Die für indische Gerichte notwendigen Zutaten und
Gewürze finden Sie bei

Gesellschaft zur Förderung
der Partnerschaft mit der Dritten Welt
Talstraße 20
D-5830 Schwelm

Ein Katalog kann kostenlos angefordert werden.

TEAM-Versand
Postfach 40 06
D-4500 Osnabrück

Ein Katalog kann kostenlos angefordert werden.

Vinay Vermani
Indische Gewürze und Spezialitäten
Marienstraße 9-11
D-3000 Hannover 1

Gerichte und ihre Geschichte

Moema Parente Augel
Brasilianisch kochen

In der Flut von Kochbüchern aus aller Herren Länder, die seit einigen Jahren den Markt überschwemmen, ist die brasilianische Küche stets im Hintergrund geblieben. Jetzt hat die Edition diá ein vorzügliches Werk auf den Markt gebracht, das Interessenten nicht nur mehr als zweihundert Rezepte liefert, die auf deutsche Einkaufsmöglichkeiten abgestimmt sind, sondern auch ausführlich auf den geschichtlichen und gesellschaftlichen Hintergrund der verschiedenen Gerichte eingeht.
Westfalenblatt

Hier wird mehr geboten als ein Kochbuch, das Nachkochen ermöglicht. Hier wird – und das entspricht dem Konzept der Edition diá – ein Teilaspekt von Kultur so angeboten, daß er als Bestandteil eines umfassenderen Ganzen verstanden werden kann... Das Buch schafft die Möglichkeit, sich in die Geschichte eines Volkes hineinzukochen.
Brasilien-Nachrichten

Moema Parente Augel
Brasilianisch kochen

Irina Carl
Russisch kochen

Beate Engelbrecht · Ulrike Keyser
Mexikanisch kochen

Lenia und Barnim Heiderich
Zyprisch kochen

Heidi Keller · Miranda Greaves
Karibisch kochen

Brahim Lagunaoui
Marokkanisch kochen

Márcia Zoladz
Portugiesisch kochen

»Ein Nutzungsstandard, der in exotischen
Kochbüchern von wenigen Ausnahmen abgesehen
fast unerreicht ist.«
Börsenblatt für den deutschen Buchhandel

Gerichte und
ihre Geschichte

Beate Engelbrecht · Ulrike Keyser
Mexikanisch kochen

Die mexikanische Küche wird von Feinschmek-
kern aufgrund ihrer Differenziertheit hoch
gelobt. Schon die einfachsten Gerichte schmek-
ken einzigartig, die einzelnen Rezepte und
Essenskombinationen bauen aufeinander auf.
Ein Kochbuch für den europäischen Benutzer.
Die Rezepte wurden so ausgewählt, daß sie in
unseren Breitengraden zu kochen sind. Im
Anhang werden einige Hinweise gegeben,
welche Produkte, die bei uns schwer erhältlich
sind, durch andere ersetzt werden können.
Produkt Report

Márcia Zoladz
Portugiesisch kochen

Der lange Atem der wechselvollen Geschichte
Portugals geht durch diesen handlichen Band.
Denn ob Hühnerpastete mit Muskatnuß oder
Tomatenkonfitüre mit Zimt – daß die varianten-
reiche portugiesische Küche nicht ohne die Erzeugnisse und Geschmacksrichtungen ehema-
liger Kolonien denkbar ist, darüber klären rund
180 teilweise exotische Rezeptvorschläge und
Erläuterungen zu den jedoch dem mitteleuro-
päischen Gaumen angepaßten Gerichten auf.
Ein zugleich genußreicher wie informativer
kulinarischer Wegweiser, dieses neue und der-
zeit einzige Portugal-Kochbuch auf dem deutschen Markt.
Bordzeitschrift der »Condor«